新文科·普通高等教育电子商务专业系列规划教材

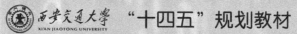
西安交通大学"十四五"规划教材

总主编 李琪

ERP沙盘模拟综合实训

ERP SHAPAN MONI ZONGHE SHIXUN

主编 李国英

西安交通大学出版社
XI'AN JIAOTONG UNIVERSITY PRESS

内容简介

本书以培养企业经营管理的综合素养为核心,着力体现实践育人、全方位育人的长效机制,以加强就业与创业教育为导向,充分利用 ERP 沙盘基于虚拟现实的特性,真实地模拟企业的生产经营流程,从而以最小的代价培养学生综合运用所学知识的能力。本书旨在让学生深刻体验企业经营管理人才在复杂多变、竞争激烈的市场环境中如何面对众多的竞争对手,制定正确、有效、合理的决策,以具备实现企业战略目标所需的全方位技能。

本书共包含 8 章内容,以明确企业战略目标、组建企业高效运营团队、熟知企业运营沙盘模拟规则、参与 ERP 沙盘模拟综合实战为主线,以管理学相关理论、生产运作管理、企业资源计划等基本理论为支撑,通过定量、准确的分析方法提供决策相关支持,详细具体地介绍了 ERP 沙盘模拟的教学全过程。

本书既可作为沙盘模拟实践教学的教材和参考书,为全国高等院校各个专业的学生提供了解企业经营管理环境、低成本体验企业经营实践过程的支持,也可作为企业基层运作层、中层管理层及战略决策层各级人员的参考书。

图书在版编目(CIP)数据

ERP 沙盘模拟综合实训 / 李国英主编. —西安:西安交通大学出版社,2022.10
ISBN 978－7－5693－2849－3

Ⅰ. ①E… Ⅱ. ①李… Ⅲ. ①企业管理—计算机管理系统—高等学校—教材 Ⅳ. ①F270.7

中国版本图书馆 CIP 数据核字(2022)第 198287 号

书　　名	ERP 沙盘模拟综合实训 ERP SHAPAN MONI ZONGHE SHIXUN
主　　编	李国英
策划编辑	祝翠华
责任编辑	刘莉萍
责任校对	韦鸽鸽
封面设计	任加盟
出版发行	西安交通大学出版社 (西安市兴庆南路 1 号　邮政编码 710048)
网　　址	http://www.xjtupress.com
电　　话	(029)82668357　82667874(市场营销中心) (029)82668315(总编办)
传　　真	(029)82668280
印　　刷	西安五星印刷有限公司
开　　本	787 mm×1092 mm　1/16　印张 11.125　字数 246 千字
版次印次	2022 年 10 月第 1 版　2022 年 10 月第 1 次印刷
书　　号	ISBN 978－7－5693－2849－3
定　　价	39.80 元

发现印装质量问题,请与本社市场营销中心联系。
订购热线:(029)82665248　(029)82667874
投稿热线:(029)82665249
读者信箱:2773567125@qq.com

版权所有　侵权必究

前言

我国新时期教育方针的重要价值导向是实践教育。正如习近平总书记在与北京大学师生座谈时所强调的"知者行之始,行者知之成",企业的经营管理过程也是一种实践,是一种对企业经营实践中总结的大量经验和科学数据进行分析,并与一定程度的洞察力相结合的实践。汲取大量的实践经验对于企业经营管理者管理素养的提升至关重要。然而,在市场竞争日益激烈的今天,企业经营管理者积累实践经验的代价往往既沉重又漫长,企业资源计划(enterprise resource planning,ERP)沙盘模拟实训相对而言成本低、效率高。

目前,很多高等院校开设 ERP 沙盘模拟综合实训课程。这种深度参与的教学方式极大地提高了学生的参与程度,使每位学生在模拟对抗的实训过程中,学习企业经营过程中与 ERP 相关的知识,很好地将企业管理的相关理论与实践相结合。这类课堂气氛十分活跃,非常具有趣味性和挑战性,深受广大师生喜爱。该课程将学生分成若干小组,每个小组经营一家生产制造型企业,从事 5~6 个会计年度的经营活动。这些活动主要涉及管理、财务、营销、生产、物流等基础活动。在经营实训过程中,学生主动发现问题,并以小组讨论的方式来解决问题,深刻体验经营企业的艰辛,体会作为企业管理者应具备的综合能力和素养。这种实践育人的方式与全国教育大会的精神及《教育部关于加快建设高水平本科教育 全面提高人才培养能力的意见》的有关要求高度契合。这些要求明确提出,要开展实践育人,加强就业与创业教育,促进创新人才成长,提高人才培养质量。ERP 沙盘模拟综合实训正是解决学习过程中认知与实践脱离问题的有效途径。它提高了学生将所学知识应用于实践的能力,培养了创新创业意识,提升了商业决策敏感度,使学生能够敏锐准确地抓住商机。

ERP 沙盘模拟综合实训的突出特点正是企业经营管理过程的知行合一,它融理论学习与创新实践为一体,集角色扮演与岗位体验于一身,通过"行"来"知",强调基于沙盘模拟的企业经营环境进行虚拟体验、参与和学习。在实际模拟经营的过程中,学生能够深刻领悟企业经营过程中的管理思想,切身体验企业经营规范,提升企业经营管理相关技能。同时,它也在实践中培养了学生的团队协作、亲力亲为、科学决策、合理经营等管理能力,真正实现了管理科学的实践教学育人。纵观历年的 ERP 沙盘模拟综合实训教学活动，我们不难发现参与模拟经营的学生都兴致盎然，真正做到了全力参与并沉浸式体验企业的经营管理全过程。他们通过对比多家模拟企业的经营结果，反思得失，总结经营过程的收获。这种积极参与和沉浸式体验使学生能够更深入地认识企业战略目标的差异性，理解市场营销的多元性，掌握ERP在企业经营过程中的应用，以及领悟企业管理过程中各职能部门精诚合作的重要性。沙盘实训中的学习、操作、理解、辩证思考和发展创新，有效地实现了理论知识能力、经营管理技能和职业态度情感素养的有机结合。

本书由西安石油大学经济管理学院李国英老师编写。李国英老师是西安石油大学ERP沙盘模拟教学的开创者，也是该校ERP沙盘模拟综合实验室的组建者。多年来，李国英老师专注于ERP沙盘模拟实训教学，并指导学生在中国管理现代化研究会和高等学校国家级实验教学示范中心联席会经管学科组指导的"全国企业竞争模拟大赛"中荣获国家级二等奖2项、国家级三等奖1项；在中国管理现代化研究会决策模拟专业委员会主办的"全国人力资源决策模拟大赛"中荣获国家级二等奖1项。此外，她还指导学生获得国家级大学生创新创业训练计划项目2项，"新道杯"全国大学生沙盘模拟经营大赛二等奖1项。在其他大学生科创竞赛中，她指导的学生也屡获佳绩。

本书通俗易懂、结构清晰、形式得当，从体例安排到内容设计，从知识点的归纳到教法的运用，都进行了深入的探索和尝试。它集实用性、知识性和趣味性于一体，有助于学生理解和掌握ERP沙盘模拟技术。在本书的编写过程中，编者参考了国内外许多专家的研究成果和相关文献，在此向相关作者表示衷心的感谢，同时也要感谢西安交通大学出版社编辑为本书的顺利出版所付出的辛勤努力！

由于编者水平有限，书中难免有疏漏与不足之处，敬请同行专家及广大读者批评指正。

目 录

第1章　认知 ERP 沙盘模拟 1
1.1　ERP 沙盘模拟概述 1
1.2　ERP 沙盘模拟综合实训课程概述 2
思考题 7

第2章　ERP 沙盘模拟组织准备工作 8
2.1　组建高绩效的团队 8
2.2　人员分工和职能定位 9
2.3　ERP 沙盘模拟的盘面构成 11
思考题 20

第3章　模拟企业的战略规划 21
3.1　企业环境分析 21
3.2　企业内部条件分析 21
3.3　企业战略制定 21
3.4　企业战略选择 22
思考题 23

第4章　沙盘模拟企业经营规则 24
4.1　市场划分与市场准入 24
4.2　销售会议与订单选择 25
4.3　厂房购买、租赁与出售 29
4.4　生产线安装、转产与维护、出售 31
4.5　原材料采购 35
4.6　新产品研发 35
4.7　产品的构成与生产 36
4.8　ISO 资格认证 37
4.9　融资渠道及融资规则 37
4.10　综合费用与折旧、税金、利息 41

  4.11 企业破产的界定 42
  4.12 重要参数及其他规则 42
  4.13 企业综合排名的计算 43
  4.14 企业模拟经营结果的评价规则 44
  思考题 44

第5章 运营规则及起始年 46
  5.1 运营规则 46
  5.2 实训起始年初始状态设置 51
  5.3 企业全年运营流程 52
  思考题 74

第6章 ERP沙盘模拟综合实训过程 75
  6.1 起始年企业运营模拟 75
  6.2 第1年企业运营模拟 82
  6.3 第2年企业运营模拟 89
  6.4 第3年企业运营模拟 96
  6.5 第4年企业运营模拟 103
  6.6 第5年企业运营模拟 110
  6.7 第6年企业运营模拟 117
  思考题 136

第7章 企业经营业绩评价 137
  7.1 企业经营本质 137
  7.2 企业经济增长 138
  思考题 146

第8章 ERP沙盘模拟实战案例 147
  8.1 案例背景 147
  8.2 经营流程 147
  8.3 经营报表 168
  8.4 案例点评 171

参考文献 172

第1章
认知 ERP 沙盘模拟

1.1 ERP 沙盘模拟概述

沙盘的应用在我国历史深远。《史记·秦始皇本纪》中记载的"以水银为百川江河大海",可谓沙盘雏形的最早描述。《后汉书·马援列传》中也曾记载,汉光武帝征讨陇西时,名将马援用米堆堆砌了与实地相似的地势模型商讨进军战略,算是沙盘应用的早期实例。

ERP 是由企业制造资源计划(manufacturing resource planning, MRP Ⅱ)发展而来的,其核心内容除了 MRP Ⅱ 中已实现的生产计划、采购等功能外,还拓展了业务流程管理、产品数据管理等功能。目前,ERP 所代表的含义在我国已经被扩大,用于企业的各类软件已经统统被纳入 ERP 的范畴。它跳出了传统企业的边界,从供应链的角度优化配置企业所需的各种资源。

ERP 的核心是计划,对象是企业资源。企业资源是指支持企业业务运作和战略运作的各项要素,也就是人、财、物和信息,具体包括厂房、设备、物料、资金、人员,还包括企业上游的供应商和下游的客户等。ERP 是一个有效组织和实施企业的人、财、物和信息管理的系统,可以支持离散型制造经营环境,应用范围从制造业扩展到各行各业。ERP 的实质就是在所需资源受到约束的情况下,企业通过制定系统的生产计划以和采购计划以实现控制的功能,优化企业业务流程,从而有效配置企业经营管理过程中的各项资源,以迅速对市场做出响应,降低经营成本,提高效率和效益,提升企业整体竞争力,达到企业价值最大化。

ERP 是一个复杂的信息管理系统,更是一种面向供应链的管理思想。ERP 向内和和向外都进行了功能扩展,向内整合了产供销等企业生产经营过程中的各项资源,向外将企业所处的外界环境中的上游企业和下游供应商等看作一个紧密相连的利益共同体。ERP 的核心思想就是实现企业整个供应链的高效、流畅管理。ERP 系统不仅体现了企业对供应链资源进行有效管理的思想,还体现了准时生产、精益生产、并行工程、敏捷制造、事先计划和事中控制的思想。

ERP 沙盘模拟综合实训中的企业运营过程也就是对企业资源的管理过程。一般来讲,企业运营的基本流程如图 1-1 所示。整个流程中包括三条主线:一是从客户需求产生的销售订单到向供应商发出物料需求采购订单,这条线是计划的形成和管理过程;二是从采购物料入库到产品交付客户,这条线是生产经营业务的执行过程;三是产品研发过程。

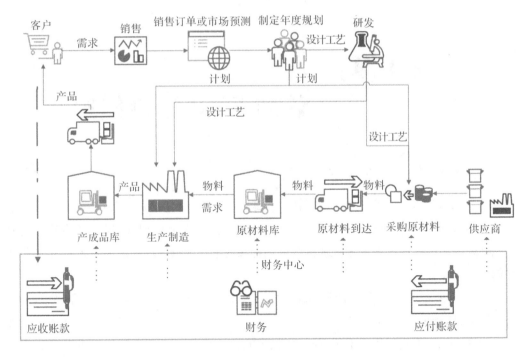

图 1-1　企业运营的基本流程

企业运营过程中的各项活动都与财务系统有着密切联系。当企业向客户发出产品时，应收账款随之产生；接收供应商的物料时，应付账款产生。而在产品的生产加工过程中，人工费用等支出亦不可或缺。

1.2　ERP沙盘模拟综合实训课程概述

1.2.1　ERP沙盘模拟综合实训课程的产生和发展

20世纪中叶，哈佛大学发现实践是最有效地提高财商的方法，但因实践活动常常需要资金的投入，学生也缺少参加的机会。因此，哈佛大学创建了模拟沙盘，通过情景模拟的实践方式逐步提高学生的财商水平。在此基础上，很多知名商学院和管理咨询机构进一步开发出企业沙盘实训的情景教学实践模式，旨在培养企业的管理人才。20世纪80年代初，我国引入该课程，并率先将其应用于中高层企业管理者的实训中。21世纪初，用友软件公司率先将沙盘实验引入中国高校的ERP教学实验中，即用友的ERP沙盘企业经营模拟仿真对抗实验，并逐步推广到各大高校。我国不少研究人员和软件开发商也在此基础上对原有的沙盘及相关技术进行了优化和改进，对沙盘课程的完善做出了重要贡献。

如今，越来越多的高等院校为学生开设了ERP沙盘模拟相关课程，并且都取得了很好的效果。正所谓"小小沙盘方寸间，决策真谛藏中间"，ERP沙盘将企业中的各项资源进行了合理简化，并将其转化为一系列企业经营规则，从而全面推演企业经营管理过程，突出反映企业经营管理的本质。在这一游戏模拟式地展示企业经营管理的全过程中，学生的战略管理能力、沟通能力、财务管理能力和商务谈判能力等都能得到全方位的提升。

我国最早引入的沙盘是基于手工操作的,称为物理沙盘或手工沙盘。物理沙盘需要借助一些教具,如盘面、灰色币、单据和标识等辅助教学。学生初次接触物理沙盘时容易理解和接受,且兴趣浓厚。然而,这也需要指导教师和学生投入更多的时间和精力,因为经营过程中的很多环节不易控制。尽管手工沙盘操作简便,但目前仍有部分实训机构和院校在使用。

随后,国内企业和高等院校的研究人员研发了相关配套软件,即软件模拟类沙盘或电子沙盘。在电子沙盘中,学生需要在计算机系统中逐步完成企业经营的操作过程,相当于录入了实战企业的全部原始凭证,实现了对实战过程的监控,为全面管理数据提供了方便。随着相关配套软件的完善和网络技术的发展,目前已经实现在计算机和网络中进行企业经营决策的博弈。为增强沙盘模拟经营课程的趣味性和操作的简便性,许多高校和管理实训机构选择将手工沙盘和电子沙盘结合使用。教师可根据学时安排灵活选择教学方式。

ERP电子沙盘秉承了形象直观的特点,更落实了监控选单过程,把控经营过程,自动生成综合管理费用表、利润表、财务报表等功能。在经营过程中,它依据现实环境中的时间顺序设置操作过程,确保不可逆,从而真实还原企业的运作环境。同时,它将在手工沙盘时担任多重角色的教师彻底从经营前烦琐的订单轮次发放、经营中的监督控制及经营结束后的相关报表录入中解脱出来,使教师能够带领学生将重点放在企业经营管理过程的本质上。

ERP手工沙盘模拟虽侧重于对企业经营的综合认知,但存在三个问题:一是企业经营监控不力;二是参与课程人数受到限制;三是教师操作工作量大。ERP电子沙盘的引入可以有效地解决上述问题。ERP电子沙盘经营既可以在课堂上集中进行,也可以由学生社团组织以沙盘竞赛的形式开展。

不同于传统授课方式,这种模拟实训的教学方式通过模拟企业经营环境及经营管理全过程,使学生在经营实训的过程中主动发现问题,并以小组讨论的方式解决问题,深刻体验经营企业的艰辛,并认识作为企业管理者应具备的综合能力和素养。通过对比多家模拟企业的经营结果,学生可反思得失,总结经营过程的收获,并在积极参与中认识企业战略目标的差异性、理解市场营销的多元性、掌握ERP在企业经营过程中的应用,以及领悟企业管理过程中各职能部门精诚合作的重要性。沙盘实训中的学习、操作、理解、辩证思考和发展创新有效地实现了理论知识能力、经营管理技能和职业态度情感素养的有机结合。直到现在,沙盘这一工具仍被广泛应用于企业运营中,无论企业规模或行业类型,沙盘都能全面展现企业的经营状况。

1.2.2 ERP沙盘模拟综合实训课程的教学方式

ERP沙盘模拟综合实训课程在模拟沙盘的盘面上以最直观的方式将企业运营过程中复杂且抽象的企业经营管理理论生动形象地呈现出来,将企业的组织架构和各个职能部门的管理操作清晰地展现出来,让学生在深度体验的过程中开展学习,有利于培养学生利用ERP的基本原理精准制订企业的生产计划和采购计划的能力。同时,这种课程还着重培养学生精诚合作、相互协作、实时控制的能力,以及面对复杂多变的市场环境时敏锐的团队应变能力。沙盘模拟过程可被划分为不同阶段,每个阶段结合具体任务,由教师与学生通过角色扮演共同完成。课程不同阶段教师与学生的角色分配如表 1-1 所示。

表 1-1 课程不同阶段教师与学生的角色分配

课程阶段	具体任务	教师角色	学生角色
组织准备工作	角色认定,包括总经理、财务总监、生产总监、采购总监、营销总监等角色	引导者	认领角色
基本情况描述	描述企业的期初状态	企业原有的管理层	新成立的管理层
企业运营规则	讲解企业运营的规则详情	讲授者	新成立的管理层
初始状态设定	设定企业的初始状态	引导者	新成立的管理层
ERP沙盘模拟综合经营过程	制订企业经营战略目标	信息发布者	总经理
	融资	股东、银行家、放高利贷者	财务总监
	争取订单、订单交货	客户	营销总监
	购买原材料、下达原材料订单	供应商	采购总监
	监督模拟企业的运营流程	审计	扮演的角色
	确认企业运营规则	咨询顾问	扮演的角色
现场案例评述	讲解每年度企业经营结果	评论家、分析家	新成立的管理层

1. 体验式的教学方式

在人工智能时代,高等教育越来越注重体验式学习。与机器不同,人类学习的经历是由其生活情境所塑造的。当学习者置身于丰富多彩的经验中时,他们就摆脱了预先录入和程序化的限制。这种方式有助于提高其创造性和思维灵活性。体验式学习与美国教育家约翰·杜威(John Dewey)提出的"做中学"有异曲同工之处,两者均认为学习建立在体验的基础之上。ERP沙盘模拟综合实训课程融理论学习与创新实践为一体,集角色扮演与岗位体验于一身,通过"行"来"知",强调在沙盘模拟的企业经营环境中虚拟体验、参与和学习,让学生在模拟经营的过程中深刻领悟企业经营过程中的管理思想。

2. 实战性的教学方式

ERP沙盘模拟综合实训课程是让学生组成多家竞争对抗的企业,模拟现实世界中企业经营的运行管理过程。学生在竞争对抗中需要根据市场需求敏锐地发现市场机会,分析市场发展规律,制定运营策略,体验各种决策方案给企业带来的成功经验和失败教训,以较低的成本和较短的时间积累企业运营管理的实践经验,将学习的相关管理知识综合应用于沙盘模拟中。面对风云变幻的市场环境及彼此竞争的模拟企业,学生应思考如何让企业在激烈的市场竞争中立足。

3. 趣味性的教学方式

ERP沙盘模拟综合实训课程中包括订货会上抢夺产品订单、购买原材料与生产设备、安排组织企业生产经营、进行融资贷款、出售产成品等一系列企业运作活动。这种趣味性的教学方法使实训过程不再枯燥无味，知识不再晦涩难懂，不仅可以增加学生的参与度，还能激发学生的学习热情。课堂也不再是老师一个人填鸭式的教学，而是让学生参与企业经营的全过程，体验不同的角色职责，形成良性的师生互动。

4. 综合性的教学方式

ERP沙盘模拟综合实训课程具有高度的综合性，涉及管理团队组建、团队成员沟通、企业经营战略目标判定、新产品研发投资策略计划、生产设备投资改造方案拟定、生产能力规划、物料需求计划、市场开拓策略计划、财务管理经济指标分析、资金需求计划等多个方面。此外，它还融合了战略管理、生产管理、财务管理、市场营销、运筹学及信息管理等多门相关课程的理论知识。

1.2.3 ERP沙盘模拟综合实训课程的主要内容

本课程通过组建高效团队、模拟企业经营、进行点评总结等内容，让学生在体验中学习，遵循"体验→分享→提升→应用"的逻辑，按照"提出问题情景设置→分配角色学习规则→模拟企业经营过程→分析问题点评总结"的基本过程设计教学环节。ERP沙盘模拟综合实训的基本过程如图1-2所示。

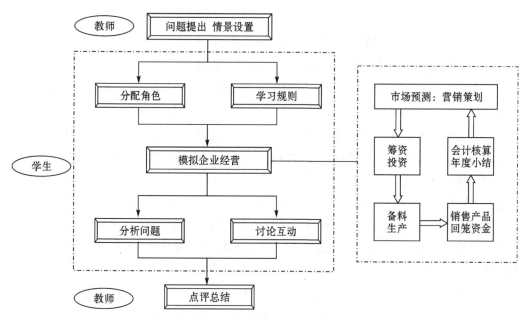

图1-2 ERP沙盘模拟综合实训的基本过程

1. 设置情景角色

每个虚拟企业由5~6人组成一个全新的企业经营团队。经营的企业均为典型的生产制造型企业，规模相当，初始状态一致。5~6人分别扮演企业经营团队的管理人员，包括总经理、财务总监、营销总监、生产总监、采购总监等。教师则扮演引导者、市场信息发布者、银行代表、供应商、执法者等多重角色。

2. 模拟企业经营

所有模拟企业开展为期4～6个年度的企业经营管理活动。在模拟过程中,每个模拟企业的管理团队需要根据市场需求预测制定企业的长期运营规划,并细化为每年度各职能部门的年度计划。面对模拟中各企业经营中出现的典型问题,团队成员需要敏锐发现市场机遇,分析经营过程中的各种问题,比较所制定的年度计划与执行过程中的差异,制定科学合理的决策方案,优化配置企业中的各种资源,促成企业最终实现其经营战略目标。模拟过程中的积极参与,让每一位学生深刻感受市场竞争的残酷与精彩,体验肩负重任的艰辛与乐趣,领悟企业经营管理的艰难与成就。

3. 评价与总结

每年度模拟结束后,各企业财务总监需要上交管理费用表、利润表及资产负债表等财务报表。随后,团队成员在企业内部开展互动讨论,认真分析各职能部门的执行情况与年度初期制定的年度计划是否存在差异,并结合企业的财务状况和经营成果,深度分析造成这些差异的原因,剖析成功或失败的原因。各企业也应对企业外部环境中各个竞争对手的发展情况进行对比分析,并对本企业的经营战略目标做出相应调整。教师对各模拟企业的综合表现做出评价,对企业中的各个角色进行点评,指出各团队的优势或不足。通过模拟经营结束后的总结交流,学生可深刻理解理论知识到运营实践再回归理论知识的整个过程。

1.2.4 ERP沙盘模拟综合实训课程的教学目标

1. 理解ERP的管理思想,提升企业管理的宏观意识

传统课堂教学因课程单一,学生仅能学习单一的专业知识,无法综合理解多个学科涉及的理论知识并将这些知识真实应用于企业管理实践。ERP沙盘模拟综合实训课程将企业运营管理活动中的关键环节以沙盘的形式直观地呈现出来,使学生能够站在企业全局的视角深入理解企业运营的完整过程。通过模拟企业连续多年的运营管理过程,学生可理解企业中资金流、物流、信息流协同工作的机制,并了解企业财务管理流程、融投资能力、资产收益率(return on assets,ROA)、净资产收益率(return on equity,ROE)等因素对企业财务管理工作的重要影响。学生也可掌握生产管理、采购管理及财务管理等环节的协同运作机制,认识信息流在管理决策过程中的重要作用,从而深刻理解ERP管理思想,建立全局观念与战略意识,全面提升管理素质。

2. 增强人际沟通能力,培养团队协作精神

企业管理体系是各部门相互影响、相互制约的有机整体。团队成员在模拟经营过程中出现分歧时,总经理需要带领团队成员通过加强沟通来解决分歧。在"各尽其责、各守其位"的同时,总经理更要注重团队成员的精诚合作。在ERP沙盘模拟实训中,任何一家企业的管理团队的经营过程都不是一帆风顺的。团队组建后基本都要经历磨合期、默契期、协同工作期等阶段。在磨合期,如果团队成员只关注自己的职责,缺乏整体观念,可能会导致工作效率低下、争论不休,甚至产生权责不清的混乱情况。然而,正是这些切

身体验让每位成员深刻体悟到"局部最优不等于总体最优"的道理,体会到企业只有在共同的战略愿景下才能形成实现战略目标的合力,认识到有效沟通、彼此信任及团队协作是实现战略目标的最有效途径。这样的过程既有效锻炼了沟通能力,又培养了团队协作能力。

3. 提供就业指导,培育创业能力

学生可通过资金的融资贷款、投资研发等活动理解企业中的财务管理流程;通过组织原材料采购、生产制造等环节理解企业的生产制造流程;通过分析与预测市场经营环境、制定市场开拓策略,以及参加订货会等活动理解企业的市场营销过程。通过ERP沙盘模拟综合实训的整个过程,学生在就业前能够有机会清晰地了解企业内部各个职能部门的真实工作场景。这样的模拟实训不仅启发了学生对未来就业的长期规划和深刻思考,还帮他们发现了自己擅长的岗位,清晰定位了未来的职业生涯。模拟实训是为以后的商战实践练兵的。就像军事训练一样,虽然练兵场的地形变化是有限的,但好的练兵方法能够训练战士面对复杂环境的随机应变能力,而不仅仅是适应练兵场地形的技巧。

1.2.5　ERP沙盘模拟综合实训课程的成绩评定

每个企业由5～6名同学组成一个小组团队共同负责公司的经营运作。每位同学的成绩主要由实训模拟成绩和实训总结报告组成。实训模拟成绩根据实际经营结果来确定,实际经营结果包括参加经营的最后一年中各个团队的所有者权益、生产中心的生产能力、物资中心的资源状态等多方面的表现。实训总结报告包括每个人的书面总结报告以及团队的总结演讲或多媒体展示等内容。

运营过程中如果出现以下情况时,教师在实训成绩评分时可根据以下扣分规则进行成绩评定。

(1)超时运行时扣分。

在经营过程中,如果模拟企业不能在广告投放环节如期完成广告投放,或在规定时间内不能完成本年度的经营全过程,可以适当扣分。例如,每拖延1分钟可扣除总分1分。

(2)报表频繁出错适当扣分。

每个模拟企业的财务总监在每年年末结账前需要在规定时间内提交财务报表,且应该保证财务报表数据的准确性,并与沙盘盘面的实际数据一致。如果发现财务报表有误可在总分中适当扣分,错一次扣1分,最多可扣10分等。

思考题

1. ERP沙盘模拟综合实训课程的主要内容是什么?
2. 企业管理者必须了解企业哪些方面的情况?
3. ERP沙盘模拟综合实训课程的知识准备和要求有哪些?

第 2 章
ERP 沙盘模拟组织准备工作

作为一个以盈利为目的的组织，企业管理的核心目标可概括为生存、发展和盈利。其中，盈利的主要途径一是扩大销售以开源，二是控制成本以节流。

从组织结构设计的角度出发，我们可以把"组织"理解为"组"与"织"的结合。"组"是分组的意思，"织"是编织的意思。企业为了实现其发展战略和经营任务，首先要进行分组，即把企业发展战略目标和经营任务分解成一系列分目标、分任务，并按照精简、高效和节约的原则设立职能管理部门、分配部门职务、配备相关人员，明确每个职位的职责和权利，并解决各个团队成员之间的协同工作问题。

ERP 沙盘模拟简化了企业组织结构的展现形式。在 ERP 沙盘模拟中，企业的组织结构中需要几个主要角色，包括总经理、财务总监、营销总监、生产总监、采购总监等。组织准备工作是 ERP 沙盘模拟的首要环节，主要包括建设团队及角色分配两大内容。

提到愿景、使命和价值观，大家都很熟悉。

企业有什么远大的志向？企业为什么存在？企业的存在具有怎样的意义？企业应立志为社会做出怎样的贡献？企业中业务部门的使命是什么？业务部门的存在对企业有什么重要意义？业务部门应立志为企业做出怎样的贡献？为了完成目标，企业团队成员应该具备什么素质和能力？

管理者的使命、职责和目标与各部门的使命、职责和目标紧密相连，而这些又都蕴含在企业的战略和业务目标中。只有逐步完成阶段性的、逐年的企业战略和业务目标，企业的使命和愿景才得以实现，其核心在于各部门均以企业发展为目标，同舟共济，患难与共。

2.1 组建高绩效的团队

在瞬息万变的数字化时代，企业想要抓住机会并实现业务持续增长，首要任务就是组建团队，尤其是搭建一支高效的核心团队。如何能够有效地完成这项工作？首先需要从最核心的部分出发，即让团队的核心成员具有真正的共识基础。引用一段任正非的内部讲话来说明这个问题，他提道："公司运作模式从现在到未来的改变是从'一棵大树'到'一片森林'的改变。""这片森林"以公司共同的价值观为基础，其下是共同的平台支撑，其间是差异化的业务系统。共同的价值观是发展的基础，只有在此基础上，我们才能根据业务特点实施差异化的管理。共同的平台支撑是在差异化的业务管理下，确保共同价值观得以存在的保障，使组织更加柔性，从而可以应对外部的不确定性。核心团队的打造一定是在企业的日常运营中逐渐形成的，它需要一群人的共同努力，而非仅凭一人之力。环境带来的挑战要求企业必须拥有组织柔性。组织柔性体现在外界环境发生变化时,企业内部各要素能快速适应变化并及时做出调整。这依赖于各团队成员之间的通力合作,以充分提高协同工作效率。每个团队成员均应具备全局观、大局观,用系统思维看待职责分工,为实现共同的企业战略目标而努力。

为了打造核心团队并形成共识,持续有效的沟通至关重要。从战略制定到执行选择,再到企业文化的渗透,这一切都离不开有效的沟通。部门使命是部门在公司的存在价值和定位。关键职责则是部门的责任范围和任务内容。部门职责与公司的愿景和使命紧密相连,确保了战略和目标的落地,明确了部门的工作方向。部门职责随着企业发展阶段的变化而不断变化。因此,业务部门的负责人应积极向公司战略靠拢、梳理部门关键职责、明确任务目标。

2.2 人员分工和职能定位

在模拟企业经营的过程中,核心团队成员一般包括总经理、财务总监、营销总监、生产总监、采购总监等主要角色,根据团队规模也可适当增加财务助理等角色,辅助财务总监管理工作。营销总监有时会扮演商业间谍的角色,负责收集竞争企业的信息。在面对来自其他企业的激烈竞争时,他们通过密切配合、协同作业,共同推动企业发展。

在实训过程中,常会出现企业过于依赖一两个总监而导致权责不明或有的团队成员随大流不作为,这样必然会导致实训效果不理想,达不到预期目标。为避免出现此类事情,在实训中,我们必须强调每个角色应担负的职责和要完成的分工任务,确保每个角色带着任务参加实训。分工越明确,参与人员越积极主动,从而避免了无效的重复活动。每个角色的职能定位、岗位职责与分工如表2-1所示。

表2-1 角色岗位职责与分工

扮演角色	岗位职责	分管表格
总经理	制定企业长期发展战略 控制企业整个运营流程	经营记录表(总体控制)
财务总监	编制报表 现金预算 筹资规划 应收款管理	现金经营记录表 现金预算表 贷款登记表 财务管理费用表 利润报表 资产负债表
营销总监	投放广告 参加订货会 按订单交货 开拓市场 制定市场产品营销策略	广告费登记表 订单登记表 产品销售汇总表 三项开发投资明细表

续表

扮演角色	岗位职责	分管表格
生产总监	编制生产计划 生产运作 厂房管理 生产线管理 产品库存管理	产品经营记录表 生产状态记录表 设备安装情况表 生产计划表
采购总监	编制采购计划 原材料库仓储管理	原材料经营记录表 采购计划表

学生带着任务参与沙盘模拟，可以避免出现角色与职责混乱现象。同时，这种细致分工还可以有效避免重复劳动。在模拟实训中，我们通常会为学生分配固定角色，但如果时间允许且希望学生更好地体验不同角色的思考方式，我们也会考虑互换角色，以便他们能更全面地理解企业运营中的各种问题。

2.2.1 总经理的职责

总经理是企业的精神领袖，不仅代表着企业的价值观，还肩负着引领企业前进的重任。总经理需要带领团队管理层制定企业的长期发展战略，根据各总监调研的企业内外部资源禀赋分析企业的竞争格局，并据此确定企业经营指标和业务策略。同时，总经理还要管理全过程的预算工作，协调团队成员管理企业。年末时，总经理还要对企业绩效进行分析，对各部门总监的工作情况进行业绩考评，并总结经营得失。

2.2.2 财务总监的职责

财务管理是在企业总体战略下，对资产购置、资本融通、资金营运以及利润分配的管理。财务总监要根据法规制度来组织企业经营过程中涉及的财务活动，如完成日常财务的记账业务与登账业务，向税务部门报税，提供费用表、利润表、资产负债表等财务报表，严格管理日常现金的流动情况。此外，财务总监还需要根据战略规划目标制定企业的融资策略，严格控制各项成本，开展资金调度与风险管理，制定财务相关制度，对比分析财务各项经营指标，为企业管理决策提供财务支持。

2.2.3 营销总监的职责

市场营销就是企业利用产品价值不断满足客户需求的过程。市场营销管理中市场的实际需求水平很可能与预期需求不一致。因此，市场营销管理力求通过有效的控制使企业的产品和服务切实满足社会需要。营销总监的主要职责包括通过对市场的调查分析，制定进入新市场的策略、产品发展策略、广告投放策略及销售计划，并负责在订货会上争取订单、进行商务谈判、签订订购合同、督促产成品的生产完工及按订单如期交货、按市场和品种分析营销绩效。

2.2.4 生产总监的职责

生产管理是对企业生产系统的设置和运行的各项管理工作的总称，又称生产控制，主要包含生产组织、生产计划、生产控制等管理工作。生产总监在企业经营管理过程中需要研发新产品、开展管理体系的认证工作、进行固定资产的投资活动、按照企业经营目标编制年度生产计划、平衡生产线设备的生产能力、管理厂房、保证产成品的质量、进行必要的产成品库存管理。

2.2.5 采购总监的职责

采购与供应管理在企业发展中具有巨大作用，是企业经营活动的重要组成部分。采购总监需要担负的职责包括按照销售计划和生产计划编制科学合理的采购计划，与供应原材料的供应商签订订购合同并下达采购订单，监控整个采购过程，验收并管理原材料入库，与财务总监进行有效沟通并如期支付原材料采购费用等。

2.3 ERP沙盘模拟的盘面构成

ERP沙盘模拟课程的实践操作是在沙盘盘面上进行的。物理沙盘盘面主要包括12张沙盘盘面，分别代表12家互相竞争的同行业生产制造型企业。各模拟企业的经营决策执行情况和运行结果也将通过沙盘盘面体现。根据一般制造企业的运营规律，ERP沙盘盘面按企业内部各部门的职能划分为财务中心、生产中心、物流中心、营销与规划中心四大部分。ERP沙盘盘面的四大职能中心如图2-1所示。

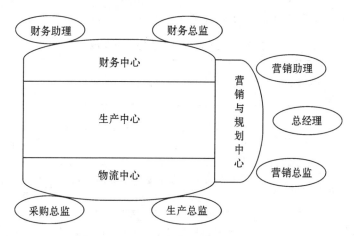

图2-1 ERP沙盘盘面的四大职能中心

各职能中心展现了企业运营管理活动中的关键环节。改进后的ERP沙盘盘面结构中除了上述四大职能中心外，还增加了信息中心，如图2-2所示。

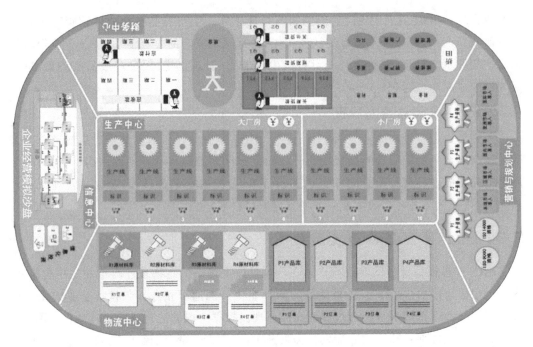

图 2-2　ERP 沙盘模拟盘面

四大职能中心的主要功能如表 2-2 所示。

表 2-2　四大职能中心的主要功能

职能中心	关键环节	主要职能	简要说明	备注
财务中心	财务管理、会计核算	现金库	存放现金,用灰色币表示现金,每个灰色币价值1M	M 是 million 的首字母,表示百万元
		银行长期贷款	用倒置在长期贷款区 FY 处的空桶表示,每个空桶表示 20M	FY 表示年度,长期贷款按年
		银行短期贷款	用倒置在短期贷款区 Q 处的空桶表示,每个空桶表示 20M	Q 是 quarter 的首字母,表示季度,短期贷款按季
		高利贷	用倒置在高利贷区 Q 处的空桶表示,每个空桶表示 20M	Q 表示季度,高利贷按季
		应付账款	用放置在应付账款区的相应位置上装有灰色币的桶表示	应付账款按季度分账期支付
		应收账款	用放置在应收账款区的相应位置上装有灰色币的桶表示	应收账款按季度分账期收现
		综合费用	每年度企业运营过程中发生的各种费用放置于费用区的相应位置	

续表

职能中心	关键环节	主要职能	简要说明	备注
生产中心	生产组织	厂房管理	包括大厂房和小厂房两种类型,大厂房内可安装6条生产线;小厂房内可安装4条生产线	厂房中心右上角处放置的灰色币桶表示拥有该厂房
		生产线管理	生产线包括柔性生产线、全自动生产线、半自动生产线及手工生产线四种,不同生产线具有不同的生产效率和灵活性	生产线标识牌表示企业已投资建设了该条生产线,生产线净值处灰色币表示该生产线当前的设备价值
		产品管理	可生产产品的类型有四种,分别是P1产品、P2产品、P3产品、P4产品。P是product的首字母,在沙盘中表示产品	产品标识处的标牌表示该条生产线上当前生产产品的种类
物流中心	采购管理、库存管理	原材料库管理	分别放置现有的原材料,用装有不同颜色币的小桶表示,每种颜色的币价值相同,即每个币价值1M;原材料有四种,R1、R2、R3、R4分别用红、黄、蓝、绿表示。R是raw material的缩写,在沙盘中表示原材料	用一个小桶装入一个红色币放在原材料库的R1原材料库中,表示企业现有一个R1,价值1M
		原材料在途管理	原材料采购有采购提前期,R1、R2的采购提前期为1个季度;R3、R4的采购提前期为2个季度	放置在R3在途、R4在途的小空桶表示原材料的在途状态
		原材料订单管理	原材料下达采购订单后,用放置在R订单处的小空桶表示	R1订单处的一个小空桶表示下达了采购一个R1的原材料订单,其他同理
		产品库管理	完工入库的产品分门别类放置在各自的产品库中。每种产品的产品构成不同,小桶内装入的币数量和颜色也不同	P1产品库中存放的是P1产品,用装入一个红色币和一个灰色币的小桶表示,价值2M
		产品订单管理	获取的客户订单分门别类放置在各自的订单区	包含有销售数量、单价、市场、销售总额等信息
营销与规划中心	市场开拓、产品研发、ISO资格认证	市场开拓	可以开拓的其他市场有区域市场、国内市场、亚洲市场和国际市场。每个市场的准入条件不同,所需资金和时间也不同,分别需要投资1M、2M、3M、4M,按年平均支付	如本地市场准入处有一张本地市场准入资格证,表示企业可以在本地市场销售产品
		产品研发	每种产品研发一定的时间并投资相应的金额后,方可领取相应的生产资格证。P2、P3、P4产品的投资费用分别为6M、12M和18M,需要按季度平均支付	若投资完成,可领取表示该产品生产资格的产品生产资格证,放于产品资格证处

续表

职能中心	关键环节	主要职能	简要说明	备注
营销与规划中心	市场开拓、产品研发、ISO资格认证	ISO(International Standards Organization,国际标准化组织)资格认证	ISO资格认证包括两种,一是ISO 9000质量认证;二是ISO 14000环境认证。其认证分别需要投资2M、3M,按年平均支付	从现金库中取出相应金额的灰色币放到"营销与规划中心"的ISO资格处。完成投资后领取认证资格证

2.3.1 财务中心

在盘面上,财务中心主要包括综合管理费用区、融资贷款区、现金库区、应收账款和应付账款区四个区域,如图2-3所示。

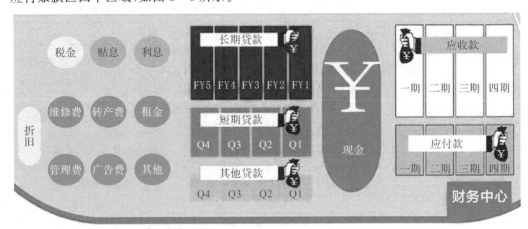

图 2-3 财务中心

1. 综合管理费用区

费用主要有折旧、税金、贴息、利息、维修费、转产费、租金、管理费、广告费及其他费用等。当企业在经营过程中发生上述费用时,财务总监负责把同等费用金额的灰色币放置到盘面上对应的费用名称处。

2. 融资贷款区

融资贷款的方式主要有长期贷款、短期贷款和其他贷款(一般为高利贷)。长期贷款按年度分期,盘面上长期贷款区的每个方格代表一年。这个区域是有方向的,手拿钱袋指向的方向是长期贷款要偿还时间的方向,离现金库最近的为一年,用FY1表示。如果此处放置有空桶,意味着企业在下一年要偿还20M的长期贷款;向左依此类推,最长为五年,即五年期的长期贷款。短期贷款按季度分期,盘面上短期贷款区的每个方格则代表一个季度,离现金库最近的为一季,用Q1表示。如果此处放置有空桶,意味着企业在下一季度要偿还这笔短期贷款。离现金区域最远的是四季,即四个季度的短期贷款在四个季度后要偿还。企业进行贷款的金额都须是20M的倍数。例如,一家企业向银行申请

20M 的五年期长期贷款时,财务总监申请得到 20M 的灰色币会放到现金库,并将一个小空桶放置在贷款区的 FY5 上。

3. 现金库区

在沙盘盘面的教具中,货币资金均用灰色币表示,沙盘中用大写字母 M 表示所模拟货币的单位,代表百万元,即 1 个币＝100 万元＝1M。现金库区用于存放本企业的现金。常见的灰色币如图 2-4 所示。

图 2-4　灰色币(现金)

4. 应收账款区和应付账款区

应收账款区和应付账款区主要存放本企业的应收账款及应付账款。应收账款及应付账款均分为四个账期,每个账期的单位为季度,沙盘盘面这个区域的每个方格代表一个季度。这些区域也是有方向的,离现金库区最近的是一个账期,用一期表示,意味着过一个季度本企业将要收到应收账款了,最远的为四个账期,用四期表示,意味着过四个季度本企业才能收到应收账款。应收账款是企业因赊销销售商品而应向购买商品的企业收取的款项。应收账款的金额也用灰色币表示,几期的应收账款就放在相应账期的位置上。应付账款是指企业因购买原材料、企业所需的各项物资等而付给供应商的账款。应付账款涉及付款的时间、是否支付全部款项及是否有现金折扣等。沙盘中主要指的是原材料购买时产生的应付账款。但一般情况下,沙盘实训中不允许产生应付账款,也就是在原材料购买时,采购总监必须将采购原材料的资金付给供应商。

2.3.2　营销与规划中心

在盘面上,营销与规划中心包括市场开拓区、产品研发区和 ISO 资格认证区三个规划区域,如图 2-5 所示。

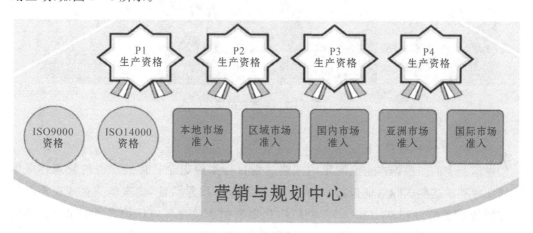

图 2-5　营销与规划中心

1. 市场开拓区

模拟企业需要根据本企业制定的战略规划目标来确定企业想要在哪些市场去销售产品,需要根据企业的市场营销战略来确定需要开发哪些市场。在初始状态下,每家模拟企业都默认已经拥有了本地市场销售的资格,用本地市场准入证来表示,其他市场的准入资格需要企业投资一定的资金去进行开发。企业可以开拓的其他市场包括区域市场、国内市场、亚洲市场和国际市场。当市场开拓投资完成时,营销总监可以领取相应的市场准入证,如图2-6所示。各个市场相互独立,其准入资格都需要投入一定的资金,也要经历1~3年的时间。每个市场的准入条件不同,所需的资金和时间也不同。在市场开拓投资完成之前,模拟企业没有资格进入该市场,也就没有在该市场销售产品的权利。

图2-6 市场准入证

2. 产品研发区

模拟企业需要根据本企业制定的战略规划目标来确定企业需要研发的产品种类,这一内容也需要营销总监来完成。在初始状态下,每家模拟企业均取得P1的生产资格证,P1代表P1产品。沙盘中共有四种产品,除P1产品外,模拟企业还可以生产P2、P3和P4产品,但想要生产这些产品,企业必须进行产品的研发和投资。每种产品需要的研发时间和投资金额是不一样的,P4产品代表的是技术含量更高、质量更优的产品,P2和P3依次次之。每种产品在经过一定的研发时间,获得相应的投资金额后,模拟企业方可获得生产资格证,如图2-7所示。在取得相应的生产资格证后,模拟企业方可开展对应产品的生产和制造工作。

图2-7 生产资格证

3. ISO资格认证区

模拟企业需要根据本企业制定的战略规划目标来确定企业需要获得的管理体系国际认证种类。这些国际认证包括两种:一是ISO 9000质量认证,代表模拟企业在质量管理方面的水平;二是ISO 14000环境认证,代表模拟企业在环境保护方面的水平。环境认证作为全面管理体系的组成部分,包括制定、实施、实现、评审和维护环境方针所需的环境目标、组织结构、策划、活动、职责、操作惯例、程序、过程和资源。两种资格认证证书的获取都需要经过一段时间并投资相应的资金。只有完成这些认证过程,模拟企业才能领取相应的资格证,如图2-8所示。

图2-8　ISO资格证

市场开拓、产品研发和ISO资格认证合称为企业的"三项开发"。模拟企业只有取得相应的资格证书,才能顺利进入目标市场,进而获得对应产品的生产资格。

2.3.3　物流中心

在盘面上,物流中心包括原材料库区、原材料订单区、在途原材料区、产品库区和产品订单区五个区域,如图2-9所示。

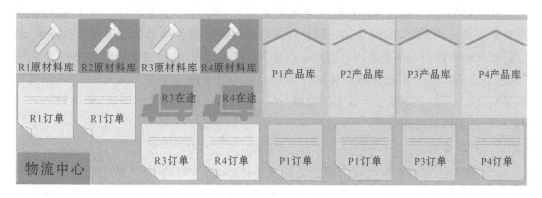

图2-9　物流中心

1. 原材料库区

沙盘的原材料库主要用于存放各种原材料。这些原材料用字母R来表示,主要包括R1、R2、R3、R4,其分别表示不同的原材料品种。R1、R2、R3、R4分别用红色、黄色、蓝色、绿色四种彩色币表示,每个彩色币的价值为1M,即100万元。代表不同原材料的彩色币如图2-10所示。

图2-10　原材料彩色币

2. 原材料订单区

原材料订单表示与供应原材料的供应商之间签订的订货合同。在沙盘中,订货的数量用空桶表示,放置在原材料订单处。每个空桶代表订购的一种原材料,空桶数量表示原材料的订货数量。原材料订单需要按照 R1、R2、R3 和 R4 的分类放置在相应的原材料订单区。

需要注意的是,空桶在沙盘中有多重含义。当它们放置在原材料订单处,表示原材料的订货数量;若放在长期贷款处,则表示长期贷款的数量。当空桶装入原材料时,表示原材料的入库数量。若装有原材料的桶置于生产中心的生产线上,则表示在制品;而放在物流中心的生产线上,则表示产成品。空桶如图 2-11 所示。

图 2-11 空桶

3. 在途原材料区

在沙盘实训中,采购 R1 和 R2 原材料需要提前一个季度下达采购订单,即它们的采购提前期是一个季度,而 R3 和 R4 原材料的采购则需要提前两个季度下达采购订单,即它们的采购提前期为两个季度。因此会产生 R3 和 R4 原材料的在途状态,在沙盘盘面的"R3 在途"和"R4 在途"区域得以体现。如果忘记了提前两个季度下达 R3 和 R4 原材料的采购订单,可能会导致生产线上原材料短缺,进而造成停工待料的情况,影响销售订单的交货,甚至形成违约订单。

4. 产品库区

产品库用于存放从生产线上制造完成的各种产品。产品在生产线上经过一段时间的生产加工后,制造完成并进入产品库的过程称为完工入库。P1、P2、P3、P4 产品在产品库区进行分类存放,如图 2-12 所示。

图 2-12 产品库产品存放

5. 产品订单区

模拟企业的各位营销总监在每年年初的客户订货会上会取得一定数量的订单,这些订单就是产品订单,它们将被按照产品的品种分别放置在相应的产品订单处。

2.3.4 生产中心

在盘面上,生产中心主要包括厂房区、生产线区、产品标识区和生产线净值区四个区域,如图 2-13 所示。

第2章　ERP沙盘模拟组织准备工作

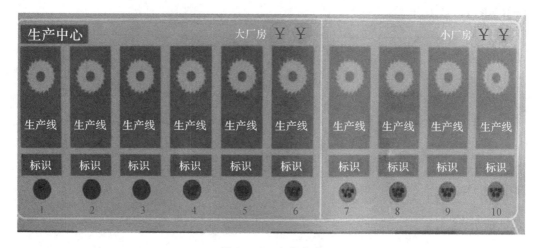

图 2-13　生产中心

1. 厂房区

沙盘盘面上主要包括大厂房和小厂房，厂房的右上角是厂房价值标识处，即"￥"，用于表示企业是否拥有该厂房。在初始状态下，模拟企业均拥有大厂房，其价值为40M，则40M的灰色币桶会放置在大厂房的右上角。如果企业购买了小厂房，财务总监会将相应金额的灰色币装入空桶放在小厂房的价值标识处。从图2-13中可以看出，大厂房允许安装6条生产线，小厂房允许安装4条生产线。

2. 生产线区

沙盘实训中的生产线有手工生产线、半自动生产线、全自动生产线和柔性生产线4种。不同生产设备的生产效率不同，生产周期亦不同。在初始状态下，模拟企业均拥有3条手工生产线和1条半自动生产线，它们均被放置在大厂房的生产线处。这四种生产线的标识如图2-14所示。生产线上的方格代表该生产线的生产周期，生产周期以季度为时间单位，用Q表示。从图2-14中可以看出，手工生产线的生产周期为3个季度，半自动生产线为2个季度，全自动生产线和柔性生产线为1个季度。

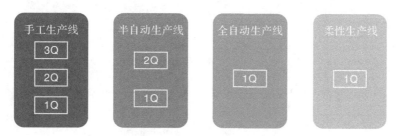

图 2-14　生产线种类及标识

3. 产品标识区

模拟企业生产或研发的产品有P1、P2、P3和P4。企业的每条生产线正在生产的是哪种产品，企业就会将相应的产品标牌放置在该条生产线的下方，即产品标识处。产品标识如图2-15所示。

图2-15 产品标识

4. 生产线净值区

在沙盘盘面上,产品标识的正下方是生产线净值处,表示对应生产线的当前净值,即生产线的购买价格减去折旧后的价值。财务总监将代表净值的相应金额的灰色币装入桶中,放置在"生产线净值"处。

思考题

1. 模拟企业的团队是如何分工的?每个角色的工作职责是什么?
2. ERP沙盘模拟中有哪些标识牌?这些标识牌应如何取得和摆放?

第 3 章 模拟企业的战略规划

战略是企业全局的计划和策略,旨在确定企业如何为其客户提供所需的产品或服务。

3.1 企业环境分析

模拟企业的管理团队在接手企业时,首要任务是全面了解企业的基本情况,包括股东资本、股东权益、初始财务状况、产品种类及生产设备情况等核心要素。在沙盘实训中,管理团队需要认真考虑并分析企业面临的关键问题,并明确企业成长的最佳路径。企业经营者要从企业所处的大环境出发,分析同行业竞争对手的情况,以顾客为中心,全面分析市场环境、产品需求导向及行业动态。

3.2 企业内部条件分析

企业和外部环境之间一般存在一个企业边界。内部利益相关方的角色边界构成企业边界,而内部利益相关方之间的交易结构则形成业务模式。企业的管理团队需认真分析组织结构、资源禀赋、生产设备、物料库存等数据。初始财务状况主要基于起始年的利润表和资产负债表。其中,资产负债表不仅反映企业的经营成果和财务状况,是企业对外提供的主要财务报告,还揭示企业的资产、负债和所有者权益之间的关系,遵循"资产=负债+所有者权益"的恒等关系,反映模拟企业在某一时刻的财务状况。通过分析资产负债表,管理团队可以随时查看企业的经济资源及其分布情况,了解企业的资本结构,进而预测企业未来的短期和长期负债能力。

3.3 企业战略制定

在沙盘实训中,企业战略制定主要包括市场开拓战略、新产品研发战略及财务融资战略等。明确的企业战略目标是成功企业的基石。模拟企业在经营之初就要确定企业战略目标,并在经营过程中不断评估目标达成情况。通常,在实现企业经营战略目标的过程中,企业一般都要经历经营初期的彷徨、经营中期的磨难、经营后期的探索等过程。管理团队需要学会用战略眼光看待企业经营过程,确保业务管理与战略目标相契合,以实现战略性成功。

不管行业与规模,常见的战略有以下三种类型。

(1)专业化战略。

专业化战略主要指集中企业所有的资源和能力做企业最擅长的核心业务,通过核心业务推动企业的成长。例如,有些模拟企业专注于P3产品的生产和销售,而有些模拟企业则专注于 P2 产品的生产和销售,还有些企业选择将产品主要销往国内市场,避免涉足区域市场。

(2)多元化战略。

多元化战略涉及企业将相关或不相关的业务组合起来作为企业的战略目标来实施。这种战略旨在通过业务的多样化来分散风险,并寻找新的增长点。

(3)一体化战略。

一体化战略包括向前整合供应商,向后整合分销商和渠道商等,旨在实现整个供应链的高效运作。

在制定战略或者选择战略的时候,管理团队一般会考虑三个基本问题:①企业能为哪类客户创造什么样的具体价值?②企业的竞争对手是谁?③与竞争对手相比,企业的竞争优势是什么?

3.4 企业战略选择

思路决定出路,格局决定结局。企业制定战略目标的根本原因在于市场环境中各项资源的有限性。选择适合企业自身发展的战略才是好的战略。可供选择的企业战略有以下五种类型。

(1)企业整体经营战略。

在 ERP 沙盘模拟综合实训课程中,企业需要制定中长期发展规划及短期经营战略目标。企业的总经理需要带领管理层团队分析并评估企业的内外部资源约束,同时预测各个市场的需求趋势,从而灵活调整已制定的企业战略。

(2)产品研发战略。

在 ERP 沙盘模拟综合实训课程中,营销总监需要根据企业整体经营战略来制定产品研发战略。若企业采取多元化发展战略,营销总监需要投入研发资金,制定相应的决策。但在执行过程中,可能出现因资金短缺或竞争对手的影响而调整或中断某些产品的研发计划。

(3)生产经营战略。

模拟企业的生产总监需要根据企业整体经营战略制定生产经营战略。例如,设定未来几年企业的生产线现代化目标,具体就是淘汰手工生产线和半自动生产线,购买全自动生产线和柔性生产线来提升生产能力,以获取更大的销售量来提高企业利润率。生产总监还需要根据企业整体经营战略目标确定每季度的设备更新计划,并根据营销总监制定的市场营销战略目标规划生产,制定生产经营计划。

(4)市场营销与销售战略。

模拟企业的营销总监需要制定市场开发战略目标,将新产品研发、产品多元化与市场定位紧密结合。市场开发战略目标应与企业的整体经营战略目标一致。营销总监还需要根据市场开发战略目标制定每季度的市场营销方案和投资研发方案,并根据竞争对手的生产能力、市场定位等结合自己的市场战略目标抢占市场,维护市场领导地位。在市场竞争过于激烈或订单需求不旺盛时,营销总监还需要考虑是否退出该市场。

(5)财务管理战略。

模拟企业的财务总监要根据企业的整体经营发展战略制订企业中长期及短期的资金需求计划,及时准确地开展财务融资,并准确掌握资金来源、融资时间及用途,科学合理地发放资金,并有效控制各项管理费用和原材料产品成本。财务总监还需要分析财务报表,及时掌握企业财务状况,合理运用财务指标,掌握企业经营过程,辅助总经理制定相应的财务管理决策,同时编制管理费用表、利润表和资产负债表等财务报表以评估决策效益。

思考题

1. 请分析本企业的内外部环境?
2. 在沙盘实训中,本企业拟选择什么样的战略?

第 4 章 沙盘模拟企业经营规则

企业若要在激烈的市场环境中立足,其经营必须遵循既定的规则。沙盘实训将企业运营所处的内外部环境简单抽象为一系列规则。

4.1 市场划分与市场准入

市场营销是企业生存与发展的基石。从利润表的构成可见,企业的利润主要来自营业收入。模拟企业在实训中首先应该维持现有市场的稳定,其次要根据企业整体经营目标积极地开拓新市场,以此扩大市场范围,增加销售收入,实现利润的不断增长。在初始状态下,每个模拟企业均拥有本地市场准入证,同时拥有区域、国内、亚洲和国际四个市场的开拓潜力。在 ERP 沙盘模拟中,五个市场是相互独立的。

在开拓新市场时,财务总监会从现金库中取出一定金额的灰色币,投放到沙盘盘面"营销与规划中心"对应的"市场准入"处。在物理沙盘中,经过一定时间并支付足额投资费用后,表示市场投资完成,这时营销总监携带装满灰色币的小桶换取相应的市场准入资格证,并放置在相应的市场准入处。市场开拓一般在年末进行。例如,某企业计划开拓国内市场,则需在第 1 年年末支付 1M 的投资开发费用,第 2 年年末再支付 1M,第 3 年年末继续支付 1M,第 4 年年初即可在国内市场投放广告并争取销售订单。因此,市场开拓费用是按开发年限在年末平均支付的,任何市场均不允许加速投资。如果某企业在经营过程中资金比较紧张,可以选择中断某年的投资,但仍需要完成全部投资方可领取对应市场的准入资格证,这样会导致取得市场准入资格证的年限加长。模拟经营过程中的市场划分及市场准入规则如表 4-1 所示。

表 4-1 市场划分及市场准入规则

市场种类	全部开拓费用/M	开拓需要的最短时间/年
区域市场	1	1
国内市场	2	2
亚洲市场	3	3
国际市场	4	4

需要注意的是:①四个市场的开拓允许同时进行。②四个市场均不允许加速投资,必须按年平均支付。如果资金短缺,相应年份可以中断,也可以根据企业发展状况停止该市场的后续投资,但已经投入的资金就浪费了。③市场开拓完成,即可获取相应的市场准入证。

4.2 销售会议与订单选择

1. 市场销售预测

常言道:"凡事预则立,不预则废。"每个模拟企业的营销总监都需要根据市场需求预测表对各个市场的需求进行准确预测,并指导生产总监安排生产制造等经营活动。

市场是任何一家企业开展产品营销的场所,市场空间的大小直接关乎企业的生存和发展。因此,能否赢得更大的市场将决定企业在市场竞争中的胜负。瞬息万变的市场规则也增加了模拟实训的对抗性和复杂性。

在ERP沙盘模拟综合实训课程中,模拟企业采用的是典型的"以销定产、以产定购"经营模式。市场预测是关于四种产品在市场需求方面唯一的、有价值的参考信息。因此,科学地进行市场预测分析将直接影响企业的营销战略目标和经营目标的制定。市场预测的内容将发布规定年度同行业各个产品在不同市场中的市场需求预测资料,主要包括不同市场中每种产品的总体需求数量、各个市场产品的价格预测情况及客户是否有高质量或环保的要求等。本地市场P系列产品需求量预测和价格预测分别如图4-1和图4-2所示。

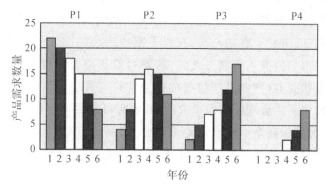

图4-1 本地市场P系列产品需求量预测

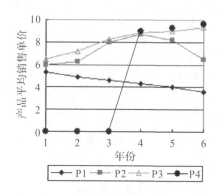

图4-2 本地市场P系列产品价格预测

图4-1以柱形图的形式展示本地市场P系列产品需求量的预测情况。图中横坐标表示年份,纵坐标表示产品需求数量。各产品各年度所对应的柱形高度表示该产品在某一年的市场预测需求总量,一定注意代表的是该市场所有的需求量。图4-2为折线图,

横坐标表示年份,纵坐标表示产品的平均销售单价。折线图上的各种标识表示的是某年度该产品的价格走势。

从图 4-1 和 4-2 可以看出,在本地市场中,P1 产品的销售单价呈现逐年下降的趋势,显示出其技术含量较低,未来可能会被淘汰;P2 产品的单价在第 4 年出现拐点,呈现出前 4 年价格增长,后 2 年价格降低的趋势;P4 产品在前 3 年的需求量为 0,从第 4 年开始价格一路上涨。这主要是因为 P4 产品代表着企业能够生产的新技术、高质量的产品,而在前 3 年,所有企业均没有获得 P4 产品的生产资格。在市场需求的资讯发布中,除了用图形进行直观描述外,还附带了详细的文字说明。在实训过程中,管理团队一定要非常注意在订货会上客户是否有管理体系标准的认证要求。同时,根据情景设置及参与实训的人员数量,管理团队可以灵活确定各种模式下的市场预测。

2. 广告费

在实训过程中,营销总监需要根据正确的市场预测进行合理的广告投放。由于企业实行以销定产的模式,每年年初的订货会上的客户订单是企业制定年度生产计划及排程、原材料采购年度计划及融资计划的重要依据。因此,获得适合企业生产产能的客户订单对企业至关重要。那么,模拟企业怎样才能获得理想订单呢?这就要求营销总监认真阅读并理解市场需求预测,掌握各个市场、各种产品的需求量,同时必须了解竞争企业的经营情况,包括它们研发了哪些产品、获得了哪些产品的生产资格、开拓了哪些市场,以及是否获得相应市场的准入资格。此外,营销总监还需要掌握各企业的生产线配置、生产能力以及财务状况,以判断其广告投放能力。只有真正做到心中有数并知己知彼,企业才有可能制定出科学合理的广告投放策略,才有可能在该年度的订货会上拥有理想的选单机会,进而有望提高企业的市场地位,增加市场占有率,从而扩大销售规模,增加利润率。据此可以看出,在企业经营过程中,营销总监的责任重大,其工作非常具有挑战性。

投放广告费是企业获得选取订单资格的先决条件,而广告费的投放大小则直接决定了订货会上营销总监的选单顺序。因此,各个模拟企业的营销总监需要精心策划,将广告费用按照不同市场和产品种类合理分配,并准确填入投放广告的发布表。通常,企业在某产品上投放 1M 的广告费,即可获得 1 次选单机会;若未在该产品上投放广告,则无法参与该产品的选单。每次选单机会仅能获取一张该产品的客户订单。若企业希望获得更多选单机会,则需增加广告投入,每多投放 2M 广告费,即可多获得 1 次选单机会。例如,若 A 企业在本地市场的 P1 产品上投放了 3M 广告费,那么 A 企业便拥有 2 次选单机会;若投入 5M 广告费,则意味着有 3 次选单机会,以此类推。但值得注意的是,本地市场是否有足够多的订单可供选择。实际上,若所有企业均在同一市场的同一产品上投放了广告费,每个企业往往仅有 1~2 次的选单机会。

在第 3 年时,营销总监需特别留意,各市场的客户对产品质量及环保标准的要求日益提高。在模拟经营中,这表现为部分订单要求企业必须获得相应的 ISO 认证资格并在该市场投入 1M 费用,方可选取标有 ISO 认证资格要求的客户订单,这一规定适用于该市场中的所有产品。常见的失误包括:①未获得 ISO 认证资格却投入了费用,导致这笔费用无效;②获得了 ISO 认证资格但投放位置错误,如将 ISO 9000 的广告费错投在 ISO 14000 处,导致无法选取标有 ISO 9000 认证资格要求的订单;③已获得 ISO 认证资格,但忘记在目标市场增加 1M 投入,同样无法选取该类客户订单。因此,营销总监必须密切关注认证资格的获取年限,并仔细阅读市场预测的相关内容,以确保做出准确的判断和合理的广告投放。

3. 参加订货会

各模拟企业的营销总监在参加订货会之前,生产总监应首先计算企业每条生产线的当年产能,并综合考虑各种产品的库存情况,得出可承诺量(available to promise,ATP),即可供销售量,这是后续选单的重要依据。可承诺量的计算方法如下:

$$可承诺量 = 年初产品库存量 + 本年度产线完工量 \qquad (4-1)$$

值得注意的是,可承诺量不应被视为一个固定值,而应视作一个动态区间,反映各种产品可接受量的组合情况,因为企业可以根据实际情况进行转产、紧急采购或加建生产线。另外,每年年初的订货会是企业与客户见面的唯一机会,营销总监必须谨慎选择客户订单。在选择订单时,营销总监需要综合考虑生产总监提供的产品库存数、企业的产能情况、设备投资建设情况以及原材料采购供应情况,既要避免订单过少导致的生产线闲置、原材料和产品库存积压等问题,又要防止盲目追求订单数量而超出企业的最大产能,造成无法如期交货的情况。若无法如期交货,企业将面临 25% 的违约罚款。

4. 选单流程

在年度订货会上,选单环节尤为关键,其先后顺序决定了企业能否选到合理的订单,进而影响企业的经营成败。选单顺序的一般规则如下。

(1) 企业的市场地位由上一年度各企业的销售额决定。在特定市场中,销售总额(包括 P1、P2、P3 和 P4 产品)最高的企业将被视为该市场的市场领导者,俗称"市场老大"。市场领导者的确定需要分析每个市场的情况。市场领导者即上一年度在该市场占有率最大的企业,其市场地位针对每个市场而言。若有市场领导者,市场领导者只需在每种产品上投入 1M 即可优先选单;若无市场领导者,则需依据该市场某产品的广告投放量来确定选单顺序,即广告投放多的企业先选单。"市场老大"的划分基于市场而非产品。第一年及新出现的市场不会有"市场老大"。

(2) 若在某一市场的某个产品上各家模拟企业投入的广告费相同,则需依据模拟企业在本市场投放的所有广告费总量来排序,即累加该市场上 P1、P2、P3 和 P4 产品的广告费,投放总量多的企业先选单。

(3) 若投放在该市场上的广告费总额也一样,则需依据每个模拟企业上个年度在该市场的销售总额排定选单顺序。

(4) 若上年度销售总额也相同,物理沙盘中可以通过招标方式决定选单顺序,电子沙盘中则依据提交广告费的时间先后排定选单顺序。

遵循上述规则确定选单顺序后,各企业的营销总监将依照订单顺序进行选单,按市场与产品分轮次进行。在某一市场某个产品的选单轮次中,每家企业需依照已确定的选单顺序轮流选单,且在一个市场的一个产品上仅可先选择一张客户订单。完成第一轮选单后,若有剩余订单,将进行第二轮选单,拥有多次选单机会的企业可再次按序选单。选好后,进入该市场的第二种产品选单过程,以此类推。选完一个市场的所有产品订单后,将进入第二个市场,并按同样的规则选单,直至所有市场的产品订单均被选完,本年度选单环节就结束,所有营销总监退出选单现场。在选单过程中,若营销总监在某一回合不想选择订单,可放弃选择。一个产品的放弃选择不影响营销总监在其他产品上的选单机会。

每年度仅召开一次订货会,于每年的年初进行。

5. 客户订单

营销总监在选择客户订单时,需要仔细关注多个方面的内容,以确保企业能够高效地完成销售并获得良好的收益。以下是订单选择中需要注意的关键点。

(1) 订单信息录入与统计。

每张订单都详细标注了数量、销售总额、交货期、应收账期等重要信息,营销总监务必将这些信息准确录入该年度的订单登记表中,以便实时掌握和统计企业的销售情况。

(2) 交货期与应收账期管理。

所有订单均为本年度订单,必须在年内完成。交货期是订单完成的关键时间节点,企业应确保在规定的交货时间前完成交货。例如,订单上交货期为3Q,即需要在本年度第3季度之前交货,企业可以选择在1～3季度交货;如果订单上交货期为1Q,则表示必须在第1季度交货,属于加急订单。因此,营销总监在选单时一定要考虑产成品的库存情况及该产品的生产能力。同时,应收账期关系到企业资金回笼的速度,营销总监需根据订单上的应收账期信息,合理安排交货时间,确保资金及时到账。应收账期是从实际交货季开始算起的,如应收账期为3Q,如果是第1季度交货,则第4季度现金库可以收到这笔资金。订单信息的更多内容如表4-2所示。

表4-2 订单信息

订单的不同类型	获得订单的资格要求	交货时间
规定了交货期的订单	非破产企业	在本年度规定的交货期之前交货均可
ISO 9000 订单	具有 ISO 9000 认证资格的企业	按订单规定的交货期
ISO 14000 订单	具有 ISO 14000 认证资格的企业	按订单规定的交货期
双认证要求的订单	同时具有 ISO 9000 和 ISO 14000 认证资格的企业	按订单规定的交货期

(3) 违约订单处理。

如果模拟企业的产能不足以满足订单上要求的产品数量,那么该企业将无法按照订单规定的交货期进行交货。这样的订单将被视为违约订单,并会转入下一年度处理。但值得注意的是,这张违约订单必须在下一年度的第1季度完成交货,且只有在该订单交货后,企业才能开始处理下一年度新获取的订单。在每年的年末结账时,违约金按照约定规则扣除,通常计算方式为违约订单上的销售总额乘以25%,若结果不是整数,则向下取整。此外,这笔违约金应被记录在费用表的其他项中,并明确标注为"违约金"或"违约罚款"。例如,一张经营年度内交货期为4Q的订单,销售总额为26M,若企业在第4季度未能如期交货,则该订单将成为违约订单。在本经营年度结束时,财务总监需从现金库中取出6个灰色币放置在综合管理费用中的其他费用项。

(4)特殊订单。

特殊订单包括加急订单和ISO订单两种类型。

①加急订单。订单下方会明确标注"加急"字样,或者交货期标注为1Q,如图4-3所示。对于加急订单,企业必须确保在第1季度内完成交货,否则将被视为违约。

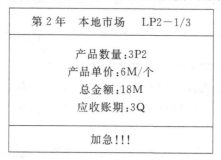

图4-3 加急订单

②ISO订单。订单下方标注了"ISO 9000"或"ISO 14000"字样,如图4-4所示。该订单要求接单企业必须已获得相应的ISO资格证,并且在ISO订单上投入了广告费,否则不允许接单。

图4-4 ISO订单

4.3 厂房购买、租赁与出售

企业经营的目的是盈利,而利润的主要来源是销售收入。为了扩大销售收入,企业需从开拓新市场、研发新产品和提高产能三个方面着手。这三个方面都需要进行一定的投资。投资不仅是模拟企业对持有资金的使用过程,更是模拟企业追求利润最大化的前提。

在生产经营运作环节中,投资行为主要表现为厂房的购买、租用与出售。

1. 厂房的类型

在ERP沙盘模拟中,每家企业可分别使用一个大厂房和小厂房。大厂房中可容纳6条生产线,小厂房中可容纳4条生产线。

2. 厂房获取

厂房的获取有购买厂房和租赁厂房两种方式。在初始状态下，每家企业均拥有大厂房，其市场价值为40M，购买价格也为40M。如果企业需要安装7条生产线，就需要占用小厂房中的生产线位置，小厂房既可以购买也可以租赁，其购买价格为30M。厂房购买、租赁与出售的管理规则如表4-3所示。

表4-3 厂房购买、租赁与出售的管理规则

厂房	容量/条	买价/M	售价/M	每年租金/M
大厂房	6	40	40	5
小厂房	4	30	30	3

需要注意的是，厂房出售仅能取得四个账期的应收账款，若资金紧张可以选择对厂房进行贴现。大厂房需要35M现金，同时应支付5M贴息费；小厂房需要26M现金，同时应支付4M贴息费。

在物理沙盘中，当进行厂房购买时，财务总监需要从现金库中取出与厂房购买价格相等的灰色币，并将这些灰色币装入小桶中，放在所购买厂房的厂房价值区。如果不想购买厂房，企业可以先购买安装设备并安排生产。年末时，若决定租赁厂房，大厂房的租金是每年5M，小厂房是每年3M。此时，财务总监需要从现金库中取出与厂房租金等值的灰色币放在费用区的"租金"处。厂房可以先安装生产线，在该年度年末时支付厂房租金，下个年度可以选择续租、租转买或退租。

具体规则的详细解释如下：

(1) 支付租金或购买厂房业务需在每年的年末进行；

(2) 厂房租入一年后，企业可根据需求选择租转买、退租等处理方式；

(3) 当需要安装生产线时，企业可以先建生产线，到年末时进行购买或租用厂房的步骤，并支付相应租金；

(4) 如果厂房中的生产线均已售出，企业则不用继续支付租金；

(5) 厂房不计提折旧。

3. 厂房出售

企业已购买的厂房可以按照买价出售。正常情况下，出售厂房会产生一笔与厂房价值相等的四个季度的应收账款，意味着现金将在四个季度后到账。例如，在物理沙盘中，若模拟企业决定出售现有的大厂房，财务总监需从现金库中取出代表厂房价值40M的灰色币放在"应收款四期"处，或者从现金库中取出5M灰色币放在费用区的"租金"处。在电子沙盘中，出售厂房时只需勾选相应厂房并点击确定，系统会自动将现金库中40M的厂房价值放在"应收款四期"处。

但在资金紧缺时，财务总监可利用贴现功能将厂房的价值按照四个账期的应收账款进行贴现。贴现时需要取出7的倍数的金额，并按照1:6的比例进行贴现，即可以得到6倍的现金并产生1倍的贴息费。例如，若将40M的大厂房进行贴现，财务总监需要取

出35M进行贴现操作,这时只能得到30M的现金,差额的5M则作为贴息费,放在综合管理费用区的"利息"处。由此可见,贴现费用相对较高。

在电子沙盘中,厂房贴现与厂房出售是初学者较难把握的操作。它们的区别在于:①厂房贴现可以随时进行,而厂房出售只能在企业经营流程的"出售厂房"环节进行。②厂房出售得到的应收款可以根据企业资金状况选择分次贴现或不贴现。

4.4 生产线安装、转产与维护、出售

在ERP沙盘模拟中,生产线主要有4种类型,分别是手工生产线、半自动生产线、全自动生产线和柔性生产线。每种生产线都可以生产已取得生产资格的各种产品。不同类型生产线的生产效率不同,生产灵活性也不同。生产效率是单位时间内可以生产的产品数量(简称产能),而灵活性是当生产线要转产生产新的产品时生产线需要调整的难易程度。各类生产线的生产效率和灵活性比较如图4-5所示。

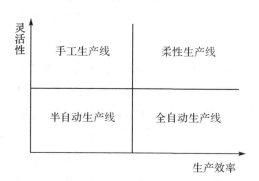

图4-5 各类生产线的生产效率和灵活性比较

从图4-4可以看出,手工生产线的生产效率最低,但可以灵活地进行转产且不需要转产周期和转产费用;柔性生产线生产效率最高也最灵活,可以按照订单需求灵活地转产,不需要转产周期和转产费用;半自动生产线属于生产效率不高且灵活性一般;全自动生产线的生产效率与柔性生产线一样,但转产时需要支付高额的转产费用,同时需要高达两个周期的转产时间。因此,企业应尽可能地选择全自动生产线生产本企业的主打产品,避免频繁转产。生产线安装、转产与维护、出售规则如表4-4所示。

表4-4 生产线安装、转产与维护、出售规则

生产线类型	买价/M	出售残值/M	安装周期/Q	生产周期/Q	每年维修费/M	转产费用/M	转产周期/Q
手工生产线	5	1		3	1		
半自动生产线	8	2	2	2	1	1	1
全自动生产线	16	4	4	1	1	2	2
柔性生产线	24	6	4	1	1		

1. 生产线新建

生产线建设的总投资额在安装周期内平均支付,全部投资到位后的下一个季度季初(除了手工生产线)方可开工生产。

在新建生产线时,企业需要先选择厂房,确保所选厂房中有空余的生产线位置以供安装新生产线,再选择生产线的类型,同时确定这条生产线上将要生产的产品品种。产品品种一旦确定,本生产线上生产的产品品种就不能随意更换。如果需要更换为其他产品品种,企业则必须在生产线投资安装完成后再进行转产操作。对于半自动生产线或全自动生产线,转产时不仅需要等待一段时间才能开始生产新的产品,而且会产生较多的转产费。转产费一旦产生,应立即放在费用区的转产费处。

企业每次操作均有机会投资建设一条生产线。原则上,只要资金允许,同一季度内可以安装多条生产线,直到空的生产线位置全部被铺满,但企业需要根据订单需求情况来确定新建生产线的数量。新建生产线一经确认,即进入第一期在建,企业需要按照生产线的平均投资费用从现金处拿出相应灰色币并放置在生产线净值处。

2. 生产线在建

生产线在投资安装开始后,除手工生产线外,其他类型生产线一般都需要进行两个季度以上的投资。这期间的生产线均被称为在建生产线。若生产线需要两个季度以上的安装周期时,物理沙盘中需要按照该生产线的安装周期平均支付投资费用,并按照安装周期进行分期安装。以物理沙盘中全自动生产线的建设为例进行说明。

从表4-4中可以看出,购买一条全自动生产线需要的总投资额为16M,需要历经四个周期(即四个季度)完成安装,每个季度需要投资的费用为4M。具体的安装过程如下所述。

(1)假设企业在第1季度开始投资这条全自动生产线,生产总监需要领取全自动生产线标识和拟生产的产品标识,背面向上放到厂房内的某个空的生产线处,注意安装后不能移动。随后,在生产线标识上面放四个空桶,财务总监从现金库中取出4M的灰色币放入第1个空桶,标志着1期投资的开始。

(2)第2季度需要继续投资,这时这条生产线处于在建阶段,财务总监需要从现金库再取出4M的灰色币放入第2个空桶中,表示2期投资的开始。

(3)第3季度继续在建,财务总监要从现金库取出4M的灰色币放入第3个空桶,表示3期投资的开始。

(4)第4季度继续在建,财务总监要从现金库取出4M的灰色币放入第4个空桶,表示4期投资的开始。

(5)第5季度投资安装完成时,生产总监将四个小桶中共计16M的灰色币集中到一个桶中,并将其放在该生产线对应的"生产线净值"处,同时翻开产品标识牌,表示可以在该生产线上开展生产。

全自动生产线安装进程如表4-5所示。

表 4-5 全自动生产线安装进程

安装时间/Q	安装	投资金额/M
1	启动第1期安装,完成1期	4
2	启动第2期安装,完成2期	4
3	启动第3期安装,完成3期	4
4	启动第4期安装,完成4期,全自动生产线建设完成,可以启动投产	4

在投资安装生产线的过程中,如果遇到财务资金短缺,企业可以暂时中断投资,等资金充裕后再继续,但必须在投资资金全部到位并经过规定的安装周期后才能投产。

特别需要注意以下几点:①生产线需要等到最后一期投资到位后,方可视为建成。因实际操作中也是需要经历一段时间的安装,因此投产也需在下一季度进行。②生产线完成投资安装后,企业需要将投资所用的灰色币装入小桶中,放在设备价值处。③各个企业间禁止相互购买生产线。④生产线一旦安装完成,不允许在不同厂房间移动。

关于设备保养费的缴纳,需要注意以下几点:①投资安装完成后的生产线,无论是否投产,企业都须缴纳设备保养费。②正在转产过程中的生产线也要缴纳设备保养费。③已经售出的生产线不用缴纳设备保养费。④投资购买的正在安装中的生产线不用缴纳设备保养费。

生产线在使用过程中,其价值会逐年下降,即产生折旧。每条生产线的折旧采用余额递减法单独计提。若生产线价值高于或等于3M时,按照生产线价值的1/3向下取整计提折旧;若生产线价值小于3M,则每年计提1M,直到折旧为0。不同类型的生产线每年每条计提折旧的数额如表4-6所示。

表 4-6 每年每条生产线折旧计算表　　　　　　　　　　单位:M

生产线类型	买价	出售残值	建成当年即第1年	建成后第2年	建成后第3年	建成后第4年	建成后第5年	建成后第6年
手工生产线	5	1	0	1	1	1	1	1
半自动生产线	8	2	0	2	2	1	1	1
全自动生产线	16	4	0	5	3	2	2	2
柔性生产线	24	6	0	8	5	3	2	2

生产线计提折旧后,如果生产线净值为0,该生产线不再计提折旧,且不影响该生产线的继续生产。需要注意的是:新建成的生产线在当年不计提折旧。

3. 生产线转产或变卖

(1)生产线转产。

生产线转产是指生产线从生产某种产品转变为生产另一种产品。在转产的过程中,每种生产线需调整生产工艺、设备及人力配置,因此会耗费一定的时间并产生一定的转产费用。不同生产线的转产周期和费用不同。手工生产线和柔性生产线没有转产周期和转产费用。半自动生产线转产时需要停工一个季度,并支付转产费1M,下季度方可恢复生产。全自动生产线转产时需要停工两个季度,并支付转产费2M,过两个季度后才可以开工生产另一种产品。

在转产时,生产总监根据营销总监获取的订单情况,首先选定需要转产的生产线,其次确定转产目标产品,最后将生产线置于转产状态。在这个过程中,财务总监需要从现金库中取出相应的转产费用,置于管理费用区的转产费处。值得注意的是,只有已建成且空闲的生产线才可进行转产。

以物理沙盘中半自动生产线由P1转产为P2为例进行说明(见表4-7)。

①转产时的开始季度。生产总监将P1产品标识上交,并将半自动生产线标识牌翻转背面朝上放在原处,停工一个季度。同时,财务总监从现金库中取出1M灰色币,放在管理费用区的"转产费"处。

②转产完成时为下一季度的季初。生产总监申请领取P2产品标识,翻开生产线标识,准备开工生产。

表4-7 半自动生产线由P1转产为P2的进程

时间/Q	进程	沙盘操作
1	开始	交回P1产品标识,停止生产,并支付转产费1M
2	完成	领取P2产品标识,可以开工生产

注:手工生产线和柔性生产线可以直接转产。

(2)生产线变卖。

淘汰落后的生产线,如手工线,可以腾空该生产线所在的厂房空间,之后可以在此处安装技术先进、生产效率更高的生产线,还可以回收淘汰生产线的当季残值,将其纳入现金库,从而减轻企业负担,因为这条生产线在淘汰后将不再产生设备保养费。

企业无论什么时候出售生产线,都应按照这条生产线出售时的残值进行交易。生产线净值处的金额大于残值时,两者间的差额计入综合费用报表的其他项。例如,在物理沙盘中,当出售第一条手工生产线时,首先将该生产线及其生产产品标识上交,然后从该生产线净值桶中取出相当于残值价值的币放入现金库,剩余部分则放在费用区的"其他"处。在电子沙盘中,选择并确认要变卖的生产线,现金库会增加所售生产线卖掉时获得的残值,同样将与净值减去残值的差额等值的币放在费用区的其他处。

4. **生产线维修与折旧**

(1)生产线维修。

对于已经建成的生产线,无论其是否已经投产,每年年末都必须缴纳设备维修费,这同样适用于正在进行转产的生产线。当年在建的和当年已出售的生产线则不用缴纳此费用。每条生产线的维修费用是每年1M。在操作时,财务总监在年末从现金库中取出1M灰色币,并将其放在费用区的"维修费"处。例如,某企业在第1年第2季度开始投资建设一条全自动生产线,虽然在第4季度完成了所需全部投资,但实际上安装调试时间应持续一整个季度,所以这条全自动生产线在当年末就不算建成,不需要缴纳设备维修费。

(2)生产线折旧。

建成的生产线在当年不需要计提折旧,但从下一年年末开始需要进行计提。每条生产线独立计提折旧,折旧计算方法采用年限平均法,具体计算公式为:

$$年折旧额=(原值-残值)\div 4 \qquad (4-2)$$

例如,每条手工生产线的年折旧额为:年折旧额=(5-1)÷4=1M。如果计算出的折旧额出现小数,则向下取整去计提折旧。

在年末计提折旧时,财务总监需要从每条生产线的净值桶内取出与年折旧额等值的灰色币,并将其放在费用区的"折旧"处。当生产线净值降为 0 时,生产线不需要再计提折旧,但仍可继续使用。

4.5 原材料采购

在 ERP 沙盘模拟中,原材料主要有 R1、R2、R3 和 R4 共四种。R1 和 R2 的采购流程包括下原材料订单和验收入库;R3 和 R4 的采购流程包括下原材料订单、运输在途和验收入库。采购原材料需经过下原材料订单和采购入库等必要步骤,它们之间存在时间上的差距,这个时间差被称为采购提前期。四种原材料的属性说明及采购规则如表 4-8 所示。

表 4-8 四种原材料的属性说明及采购规则

原材料	道具颜色	订单提前期/Q	价值/M
R1	红色币	1	1
R2	黄色币	1	1
R3	蓝色币	2	1
R4	绿色币	2	1

需要说明的是:①用空桶表示下原材料订单,一旦订单下达就不能取消。②下达原材料采购订单时不用支付现金。③没有下达采购订单的原材料不能被采购入库。④原材料到达企业并验收合格后,必须支付原材料的购买资金,不允许延迟。⑤R1 和 R2 的采购提前期为 1 个季度,R3 和 R4 的采购提前期为 2 个季度。⑥在沙盘模拟中,原材料订单每个季度只能操作一次。

在原材料采购过程中,每个季度的模拟企业需向供应商提供原材料订单的具体品种及数量。在物理沙盘盘面的物料中心处,在原材料订单处摆放相同数量的小空桶,表示下达的采购订单中需要采购的原材料数量。每个小空桶表示 1M 的原材料订单。

4.6 新产品研发

在初始状态下,所有模拟企业均已具备 P1 产品的生产资格,待研发的新产品还有

P2、P3 和 P4 等。四种产品的研发投资规则如表 4-9 所示。模拟企业希望生产线生产哪种产品，就必须首先取得该产品的生产资格，而获得产品生产资格的前提是企业必须经过一定的开发周期并投入开发费用。P2、P3、P4 产品的生产资格都需要经过研发并投入相应资金后才能获取。每种产品的研发投资均需要按季度平均支付，并按开发周期分期投入。

表 4-9 四种产品的研发投资规则

名称	每季开发费用/M	开发总额/M	开发周期/Q
P2	1	6	6
P3	2	12	6
P4	3	18	6

在物理沙盘中，手工操作某种新产品的研发投资时，财务总监需从现金库中取出对应季度平均支付费用对应金额的灰色币放到"营销与规划中心"对应的"产品生产资格"处。待全部投资完成后，投入的灰色币将换取相应的产品生产资格证。在产品研发过程中，若因资金短缺可中断，或因产品战略目标调整也可以终止，但不允许提前快速完成投资。若决定终止产品研发，已投入的研发费不能被收回。如果研发没有完成，企业就不能获取相应的产品资格证，也就无法开工生产该产品。

4.7 产品的构成与生产

下原材料订单环节结束后进入下一批生产阶段。在这一阶段，企业需要选择产品下线后空出来的生产线并组织下批生产。这时，生产总监需要掌握各类产品的产品构成及其所需的加工费用。四种产品的产品构成如表 4-10 所示。产品构成也就是我们常说的物料清单(bill of material, BOM)。在实训操作时，生产总监需取一个小空桶，并从原材料库中领取所需原材料放入桶中，然后将其放置在空出的生产线上准备生产。同时，财务总监需要从现金库中取出1M灰色币作为加工费，交给生产总监，与原材料一并放入桶中。如果原材料或现金不足时，总监们只能放弃本次上线生产活动。这种情况通常是由于原材料短缺或资金不足导致的生产设备停工待料。

表 4-10 四种产品的产品构成

名称	加工费/M	直接成本/M	产品构成
P1	1	2	R1
P2	1	3	R2+R3
P3	1	4	R1+R3+R4
P4	1	5	R2+R3+2R4

需要说明的是：①只有空置的生产线才能进行上线生产活动。②每条生产线在同一时间只能有一个产品上线生产。③不允许将某条生产线上的产品转移至其他生产线继续生产。

4.8 ISO资格认证

ISO认证包括两种类型的管理体系资格认证，分别是ISO 9000和ISO 14000。企业在进行某类ISO资格认证投资时，需要按年平均支付相关费用。这时，财务总监应从现金库中取出相应金额的灰色币，并放到"营销与规划中心"对应的"ISO资格"处。只有经过规定的认证年限且完成全部投资，营销总监才可以用投入的灰色币换取相应的ISO资格证。ISO资格认证需要投资的研发费用情况如表4-11所示。

表4-11 ISO资格认证需要投资的研发费用情况

认证类型	全部认证所需费用/M	每年投入费用/M	投入时长/年
ISO 9000	2	1	2
ISO 14000	3	1	3

对于开发投资，需要注意：①资格证的取得需要满足时间和资金的要求，二者缺一不可。企业可以同时进行两项认证。②开发投资额应在规定认证周期内按年平均支付，不允许加速投资，也就是不能一次性投入3M以获取ISO 14000的认证资格。但企业在资金紧张或营销规划目标变动时可以中断或停止投资。③只有全部投资完成后，企业方可获得相应的ISO资格证。

4.9 融资渠道及融资规则

资金是企业生产经营管理活动中的重要支撑，尤其是处于发展成长期的企业，对资金的需求更是大量而紧迫。能否及时为生产经营活动中的各个环节提供所需资金，决定着企业是否能够快速发展。因此，财务总监必须把握好融资的额度和时间。企业融资是指生产制造企业根据本模拟企业的生产经营状况或资本结构调整需要，通过银行贷款等融资渠道，采用一定的融资方式开展的资金筹募活动。

1. 及时制定财务预算，协同生产、销售、供应环节，计算融资时间及融资数量

每家模拟企业必须明确各个经营环节在不同时间所需的资金量，以便财务总监据此编制财务预算并制定合理的融资计划，确保模拟企业生产经营活动的顺利开展。在沙盘模拟中，每个年度的初期，管理团队需要在总经理的带领下制定企业的经营发展战略目标，营销总监依此来确定未来的销售目标，生产总监依此来提出生产年度计划，采购总监依此提出采购计划，财务总监则根据团队的战略目标及各个职能部门的年度计划编制财务预算，这也是ERP原理中的核心部分，即物料需求计划（material requirements planning，MRP）的编制过程。每年度，财务总监均需进行下一年度的财务预算。财务预算的内容主要包括现金的流入数量和发生时间、现金的流出数量和发生时间等。模拟企业的管理层可以依此判断本企业下一年度的现金流动状况及结余情况,进而调整生产过程和采购过程。

2. 根据模拟企业自身情况选择合适的融资方式

在沙盘模拟实训中,企业可以选择的融资方式有长期贷款、短期贷款、高利贷及资金贴现四种。ERP沙盘模拟中的融资方式如表4-12所示。

表4-12　ERP沙盘模拟中的融资方式

贷款类型	年息	贷款额度	贷款时间	还款方式
长期贷款	10%	上年度所有者权益的2倍减去已有长期负债	每年年末	年底付息到期还本
短期贷款	5%	上年度所有者权益的2倍减去已有短期贷款	每季度初	到期一次还本付息
高利贷	20%	上年度所有者权益的2倍减去已有高利贷	每季度初	到期一次还本付息
资金贴现	1:6	视应收款额	任何时间	变现时贴息

(1)长期贷款。

当企业需要资金进行长期投资而资金不足时,可以向银行申请长期贷款。长期贷款的使用期限最长为5年。长期贷款的额度取决于本企业上年年末所有者权益的多少。每年年末,企业有一次申请长期贷款的机会。长期贷款的年利率为10%,每年年底应支付所有长期贷款的利息。贷款的最高限额是本企业上年年末所有者权益的2倍减去已有的长期贷款。利息用长期贷款的贷款总额乘以长期贷款的年利率来计算。例如,某企业第1年年末时申请了一笔五年期的长期贷款20M,第2年年末时又申请了一笔五年期的长期贷款20M,则第3年年末时需要支付的利息计算为:利息=(20+20)×10%=4M,即实际支付利息为4M。

在沙盘盘面上,长期贷款区域按年度分为5个方格,每个方格代表一年,离现金库最近的为1年,最长为5年。当模拟企业向银行申请长期贷款时,财务总监需按申请金额取整桶的灰色币(每桶为20M)放入现金库,并将盛放灰色币的空桶倒置于长贷区相应的方格内。从取得贷款的下一年度开始,每年年初财务总监需要将空桶朝现金库方向移动一格,表示归还本金的期限缩短了一年。年末时,财务总监需要从现金库中取出与利息等值的灰色币,放在费用区的"利息"处。当空桶移动到现金库时,表示该笔长期贷款到期,财务总监必须用现金装满空桶归还银行。

(2)短期贷款。

企业也可以向银行申请短期贷款。短期贷款的使用期限为4个季度。企业每季度初有一次申请短期贷款的机会。短期贷款的年利率为10%,还款方式为到期一次还本付息。短期贷款的限额是本企业上年年末所有者权益的2倍减去已有的短期贷款。

在沙盘盘面上,短期贷款区域按季度分为4个方格,每个方格代表一个季度,离现金库最近的为1季,最远为4季。模拟企业向银行申请短期贷款时,财务总监按申请的金额取整桶的灰色币(每桶为20M)放入现金库,并将盛放灰色币的空桶倒置于短贷区相应的方格内。从取得贷款的下一季度开始,每个季度财务总监需将空桶朝现金库方向移动一格,表示还款期限在缩短。当空桶移动到现金库时,表示该笔贷款到期,财务总监必须用现金装满空桶归还银行,同时从现金库中取出与利息等值的灰色币,放在费用区的"利息"处。例如,企业有一笔20M的短期贷款到期,本金与利息共计21M,财务总监从现金库中取出21M灰色币,其中20M需要还给银行,1M需要放在费用区的"利息"处。

(3)高利贷。

企业如果已没有进行短期贷款的额度,也可以向银行申请高利贷。企业每季度初有一次申请高利贷的机会。高利贷的使用期限也为4个季度,其年利率为20%,还款方式为到期一次还本付息。高利贷的贷款额度也有限制,最高额度为本企业上年年末所有者权益的2倍减去已有的高利贷。但一定注意,高利贷的利息很高,还款压力很大,而且在实训过程中申请高利贷可能会被扣分。

在沙盘盘面上,高利贷区域按季度分为4个方格,每个方格代表一个季度,离现金库最近的为1季,最远为4季,具体操作过程同短期贷款的沙盘盘面操作一样。

(4)资金贴现。

①应收款贴现。应收款贴现就是企业将尚未到期的应收款提前兑换为现金的行为。这一过程需要支付贴现利息,约定贴现率为1∶6,即每7M应收款进行贴现时,其中1M将作为贴现利息放在费用区的"贴息"处,其余6M放入现金库。贴现利息采取向上取整的方式,即使贴现额不足7M,企业也要承担1M的贴现利息。根据这一规则,企业应以7M的倍数进行贴现比较划算。如果企业财务方面资金短缺且应收账款区有未到现金库的应收账款时,可以选择进行贴现。

②厂房贴现。在特殊情况下,企业可以将已出售的厂房进行贴现操作。虽然厂房可以按照购买时的价格出售,但企业只能获得四个账期的应收账款。因此,为了迅速获取现金,企业需要进行贴现并支付相应的贴现利息。例如,当企业选择将大厂房进行贴现时,若厂房价值为40M,按照1∶6的贴现率,企业可以将其中的35M进行贴现,而贴现利息为5M。考虑到大厂房每年产生的租金为5M,企业实际能够用于应急的现金为25M,同时在四期应收款处留有5M。在进行操作时,财务总监首先需要进行大厂房的出售操作,获得40M的四期应收账款,再进行贴现操作。这样,大厂房的价值将分别转化为现金库的30M和贴息的5M。年末时,企业需要支付厂房租金5M和应收款处的5M。大厂房贴现的具体操作过程如图4-6所示。

③追加股东资金。在ERP沙盘模拟综合实训教学中,若模拟企业出现破产情况,为保证教学秩序,顺利完成教学任务,授课教师可以根据实际情况,灵活决定是否提供破产企业适当额度的股东资本追加。一旦股东资本得到追加,企业应在资产负债表中的股东资本一栏加上追加的数额,同时在沙盘盘面上,现金库将相应增加这一数额。然而,为了引导学生审慎经营,授课教师还应对破产企业每年投放的广告总额等经营事项做出限制,并在课程考核中给予一定的扣分处理,以提醒学生在未来经营中注意风险控制和资金管理。

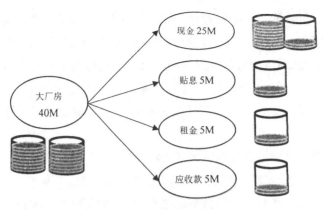

图4-6　大厂房贴现操作过程

3. 不同融资方式的资本成本和风险水平不同

在实训过程中,由于各种融资方式的资金成本各不相同,同时所伴随的财务风险也有高有低,因此,每家模拟企业在进行财务融资活动时,应深入比较不同融资方式的资本成本,合理评估可能承担的财务风险,从而科学选择最适合企业的融资方式,并确定各种融资方式的比例。这样不仅能以最经济的方式筹集所需资金,降低整体资本成本,还能有效防范财务风险,确保在债务到期时能够按时偿还,避免因无法偿还到期债务而引发的财务危机。在沙盘实训中,不同融资方式的财务风险与资金成本的对比如表4-13所示。

表4-13　不同融资方式的财务风险与资金成本的对比

融资方式	财务风险	资金成本
长期贷款	较高(偿还期最长)	较低
短期贷款	最高	最低
高利贷	最高	最高
资金贴现	较低	较高

在融资过程中,企业需要注意以下几点。

(1)长期贷款的贷款期限最长为5年,贷款额度则基于企业上年年末的所有者权益值来确定。

(2)在每年年末,企业必须支付长期贷款的利息,并在贷款到期时一次性偿还本金。特别要注意的是,在申请新的长期贷款之前,企业必须先偿还完旧有贷款的本金及所有利息。新贷款不能用于偿还旧贷款。

(3)短期贷款最长使用期限为1年,分为4个季度。若某年度某一季度初有短期贷款到期,同样需先偿还到期贷款,才能申请新的短期贷款。

(4)所有贷款均不允许提前还款。

(5) 在实训结束的年度，各模拟企业无须归还未到期的各类贷款。

(6) 各模拟企业之间禁止私自融资，只允许向银行申请贷款。

4.10　综合费用与折旧、税金、利息

在每年年末，财务总监在结账前需要查看本企业本年度经营过程中产生的各类费用。这些费用包括税金、贴息、利息、维修费、转产费、租金、管理费、广告费、折旧及其他费用。它们均位于沙盘中财务中心的最左侧。

1. 税金

在每年年初，企业需要缴纳上一年度的所得税，对应数值为上一年度利润表中的所得税值。若企业之前存在亏损，需要弥补完之前的所有亏损后，再按25%的税率向下取整去计算税金。如果上一年度企业为亏损状态，则无须缴纳税款。

2. 贴息

贴息是企业在急用资金时进行资金贴现所产生的费用。

3. 利息

企业的长期贷款、短期贷款及高利贷均会产生利息支出，这些利息需要按照各自的贷款方式和利率进行计算，在支付时产生。

4. 维修费

维修费，又称设备维修费或设备保养费，是每年年末时企业对已建成的生产线进行维护所产生的费用。无论哪种类型的生产线，每年每条生产线都应缴纳1M的维修费。

5. 转产费

全自动生产线和半自动生产线转产时会产生转产费用。

6. 租金

若企业未拥有厂房，但需要使用厂房空间安装设备，则在每年年末时需要支付相应的厂房租金。

7. 管理费

在每季度末，财务总监需要缴纳本季度的行政管理费用，每季度固定为1M。

8. 广告费

广告费是企业每年在召开订货会前所投放的广告费用。

9. 折旧

在ERP沙盘模拟中，厂房不计提折旧，而生产线则采用年限平均法计提折旧。折旧计算于每年年末进行，具体操作按照表4-6所述的折旧计提规则实施。

10. 其他费用

其他费用主要包含出售生产线时净值与残值的差额和逾期未交订单而产生的违约罚金。

4.11 企业破产的界定

在 ERP 沙盘模拟综合实训过程中，模拟企业破产的判断通常基于以下条件。

(1) 模拟企业在经营管理过程中，一定要注意广告投放、当季开始、当季结束、更新原材料库、本年度经营结束等重要节点。财务总监应及时查看各项数据，包括已有的现金数量、应收账款数量等。如果现金及应收账款可贴现得到的现金不足以支付广告费、偿还到期的债务支付应付利息或缴纳未交订单的违约罚款，均会出现现金断流，导致企业破产。

(2) 若模拟企业的所有者权益合计值为负，则判定企业破产。破产发生后，授课教师可按照实训要求及时间情况，决定是否适当追加投资以维持经营。一般情况下，破产的模拟企业不能参与最终的有效排名。为确保企业继续运营并获得课程成绩，授课教师一般可限制破产队伍每年的广告投放不超过 6M。

4.12 重要参数及其他规则

模拟企业经营过程应遵守大量的规则。规则中需要特别关注的重要参数主要有以下内容。

(1) 违约扣款比例为 25%，采用向下取整计算。
(2) 长期贷款利率为 10%。
(3) 短期贷款利率为 5%。
(4) 贷款额度为上年度所有者权益的 2 倍减去已有贷款。
(5) 最大长期贷款年限为 5 年。
(6) 初始现金为 42M。
(7) 股东资本为 50M。
(8) 所得税率为 25%，采用向下取整计算。
(9) 选单时间为 60 秒。
(10) 最大经营年限为 6 年。

此外，模拟企业还需要重点关注其他行政管理费及特殊任务的规则，如表 4-14 所示。

表 4-14 其他行政管理费及特殊任务的规则

项目	说明
行政管理费	每季度支付 1M 的行政管理费
紧急采购	付款即到货，原材料价格为标准价格的 2 倍，成品价格为直接成本的 3 倍，多付出的部分（实际买价－原材料或产品价值）计入其他，一般课程或比赛中均不允许此项目
选单顺序	①市场领导者；②本市场本产品广告额；③本市场广告总额；④本市场上年销售排名；⑤先投广告者

续表

项目	说明
订单违约	按订单交货可以提前,但绝对不可以推后,如果逾期未交,则该订单按订单销售总额的25%扣违约金,计入其他
破产标准	现金断流或所有者权益为负
其他费用	生产线变卖、紧急采购、订单违约计入其他
取整规则	违约金扣除时向下取整,贴息时向上取整,扣税时向下取整

4.13 企业综合排名的计算

企业综合排名结果基于参加实训的各个模拟企业的多项指标评分,其中最重要的是实训结束年度的所有者权益值。不同指标可以赋予不同的分值,累积后分数越高,则排名越靠前。计算总分公式为:

$$总分 = 结束年度的所有者权益值 \times (1 + A/100) \qquad (4-3)$$

其中,综合得分 A 为表 4-15 中的各项得分之和。

表 4-15 企业综合发展潜力系数

项目		加分
生产线	手工生产线	每条5分
	半自动生产线	每条7分
	全自动生产线	每条10分
	柔性生产线	每条10分
市场地位	区域市场准入证	10分
	国内市场准入证	10分
	亚洲市场准入证	10分
	国际市场准入证	10分
产品资格	P1产品资格证	10分
	P2产品资格证	10分
	P3产品资格证	10分
	P4产品资格证	10分
ISO资格认证	ISO 9000认证资格证	10分
	ISO 14000认证资格证	10分

需要注意的是,生产线只要建成,无论是否进行投产均可获得加分,但市场领导者地位和厂房无额外加分。

在完成预先规定的经营年限后,如果时间紧张,授课教师也可按照简单的总分计算办法,主要考虑各企业在结束年度的所有者权益值进行评分。总成绩的计算公式为:

$$总成绩 = 所有者权益 - 罚分 \qquad (4-4)$$

罚分一般由授课教师制定标准,主要考虑以下因素。

(1)经营情况。是否在规定时间内完成当年经营。

(2)广告投放情况。是否在规定时间内完成广告投放。

(3)报表的准确性。例如,每年度的企业运营结束后,各企业均须在规定时间内提交报表,且必须账实相符。如果提交的报表中数据不够准确,将在总成绩中酌情扣分。

(4)经营超时扣分。如果不能在规定时间投放广告或完成当年经营,授课教师可以按照每分钟扣罚1分的标准计算,但扣分总额不能超过15分。

为了避免产生扣分项,企业在经营过程中必须注意以下事项。

(1)长期贷款的申请在每年年末进行,企业应提前规划好当年的融资策略,并注意贷款需先还后贷。短期贷款的申请则在每季度的初期进行。

(2)在进行"购买/生产线"操作时,企业应考虑当季是否建设生产线,因为生产线一旦建成便不能移动,只能在厂房内的空地建设生产线。同时,企业也应注意生产线可以先建设再于年底时支付租金。

(3)新市场开拓和ISO资格认证投资在每个季度都可以进行,但通常只需要在每年第4季度末进行一次投资。

(4)应付款项中标注有厂房租金的部分仅用来标记什么时候应该交厂房租金,实际报表编制时不计入应付款项。

(5)若紧急采购原材料和成品时成本超出正常成本,或紧急出售原材料时成本低于正常成本,超出或低于的部分都计入综合费用的其他项。在经营版的学习过程中,不允许有紧急采购。

(6)生产总监需关注厂房的购买或租用时间、生产线的建设周期及折旧情况,而采购总监则需留意产品原材料的市场变化。

4.14 企业模拟经营结果的评价规则

根据各模拟企业的实际运营结果,评价规则为:若未破产的企业数占所有经营企业的1/2及以上,则直接取排名前1/2的经营企业,将其经营结果评为优秀;若未破产企业数未达到所有经营企业的1/2,则按以下规则处理。

(1)未破产的企业直接评为优秀。

(2)对于破产的企业,其评价遵循以下标准:①破产时间越晚者得分越高;②若企业在同一年限破产,则根据其综合所有者权益和所追加的股东资本多少进行排序。

思考题

1. ERP沙盘模拟中有哪些融资方式?每种融资方式的优缺点是什么?
2. 如何分析和评价企业的融资效益?

3. 以全自动生产线为例，说明生产线建设的步骤。
4. 如何计算各种生产线的生产能力？
5. 如何确定当期原材料的订购数量？
6. 什么是市场准入资格？如何取得某个市场的准入资格？
7. 如何取得 ISO 认证资质？
8. 在 ERP 沙盘模拟中，如何操作应收款贴现？
9. 厂房贴现与应收款贴现有什么不同？
10. 请分别设计初始资金为 60M 和 70M 时模拟企业的运营方案。
11. 在 ERP 沙盘模拟中，如何洞悉资金短缺的前兆？
12. 在 ERP 沙盘模拟中，如何编制现金预算表？
13. 结合自身企业的特色，设计一份 ERP 沙盘模拟经营流程表。

第 5 章 运营规则及起始年

5.1 运营规则

计划指的是企业管理者事先对未来应采取的行动所做的谋划和安排。计划不仅是管理的首要职能,更是各项工作执行的依据。每年年初,总经理都要带领管理团队,在企业战略的指导下,制定生产设备更新改造、产品研发、市场开拓等投资计划,同时还会制定生产规划、采购计划及现金预算等营运计划。

5.1.1 生产规划

生产规划是对企业在生产经营方面的全面规划,主要由生产总监负责完成。通过生产规划,管理团队可以统筹安排生产任务,明确每年度、每季度要生产什么产品、生产多少产品、什么时候开始生产等问题。生产规划不仅是企业经营战略目标的具体体现,也是调节企业管理中各项活动的关键,更是离散型制造企业最基本的管理和控制手段。因此,生产总监必须有效地制定科学、合理的生产规划。

ERP 系统生产规划的基本逻辑是:根据企业的主生产计划、物料清单和库存记录,计算每种原材料的需求量,确保在合适的时间采购到合适数量的原材料,如图 5-1 所示。主生产计划是要明确企业生产什么,物料清单要明确每种产品的结构及其所需的原材料,库存记录则反映了企业原材料库中现有哪些原材料。通过整合这些信息,系统能够精准计算出每种原材料的需求量和需求时间,从而制定出合理的生产计划和采购计划。

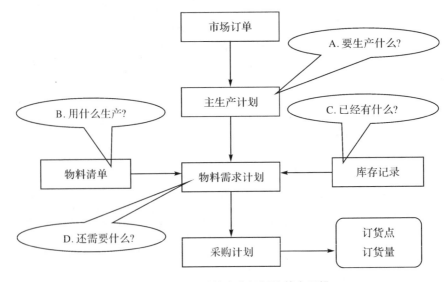

图 5-1　ERP 系统生产规划的基本逻辑

在图 5-1 中，A、B、C、D 构成了制造业的基本方程式：$A \times B - C = D$。

在准确评估每条生产线的生产能力时，生产总监要做到心中有数，既要明确各种类型生产线的生产周期，又要掌握每季度初每条生产线上在制品的状态，从而计算出每条生产线本年度可以生产出的产成品数量。这些信息可以用图示化的方式记录。生产线类型及产能记录情况如表 5-1 所示。

表 5-1　生产线类型及产能记录情况

生产线类型	年初在制品状态	产品完工下线				年生产能力
		1Q	2Q	3Q	4Q	
手工生产线（4 种状态）	□ □ □				●	1
	■ □ □			●		1
	□ ■ □		●			1
	□ □ ■	●			●	2
半自动生产线（3 种状态）	□ □			●		1
	■ □		●		●	2
	□ ■	●		●		2
柔性/全自动生产线（2 种状态）	□		●	●	●	3
	■	●	●	●	●	4

注：□表示生产线上无在制品；■表示生产线上有在制品；●表示产品完工下线，同季开始下一批生产。

由表 5-1 可知，每条手工生产线每年的产能为 1 个产成品。当第 1 季度手工线上的在制品位于 3Q 处时，手工生产线每年的产能为 2 个产成品。半自动生产线若第 1 季度初没有上线产品，则每年生产能力为 1 个产成品；若有在制品，每年可以产出 2 个产成品。柔性生产线和全自动生产线若第 1 季度初没有上线产品，则每年生产能力为 3 个产成品；若有在制品，则每年可以产出 4 个产成品。由此可以精确计算出所有生产线生产每种产品的具体数量。生产总监需要清楚的是，手工生产线和柔性生产线没有转产周期和转产费用，可以灵活调整能生产的产品种类。因此，生产总监应该在制定生产规划时保证产能的动态组合，为营销总监参加订货会提供准确的数据支持。同时，生产总监也可以根据营销总监争取到的产品订单来灵活组织生产安排，以便如期完成所有订单。

5.1.2　采购计划及采购登记表

采购计划由采购总监制定，主要确定几个核心问题：采购原材料的种类、每种原材料的采购数量以及采购原材料的时间点。

1. 确定采购原材料种类

生产总监需要根据主生产计划，减去每种产品的现有库存量及在途量，并按照物料清单制定出详细的生产计划。采购总监则需要根据生产计划制定出详细的物料需求计划和精确的采购计划,明确为满足生产所需应采购的原材料种类。

2. 确定每种原材料的采购数量

每种原材料的所需数量减去原材料库中的现有库存数量,就可以得到原材料的精确采购数量。需要注意的是,有时为获取批量采购或预先采购的折扣,可能会增加采购量,但这种操作可能占用大量资金,从而导致企业面临因现金流断裂而破产的风险。

3. 确定采购原材料的时间点

采购总监需根据生产总监提供的生产计划制定详细的采购计划,同时考虑生产线的在制品状态和原材料采购提前期,合理安排采购排程,在季度初及时完成原材料订单下达,力求达到既不出现因采购行为过早而导致库存积压,又不出现因采购行为过晚而导致物料短缺的管理境界,从而真正实现零库存的库存管理目标。要注意的是,零库存指的是原材料库中库存为零,而不是原材料订单为零。为保证生产线的正常生产制造,采购总监必须合理下达采购订单。

5.1.3 现金预算

现金预算主要由财务总监负责。在企业运营过程中,现金被用于各种投资、支付生产营运费用及偿还到期债务等环节。因此,财务总监需要在每年年末时制定本企业下个年度的现金预算。准确详尽的现金预算对企业管理至关重要,缺失或错误的预算可能导致企业陷入困境。ERP沙盘模拟中的现金流如图5-2所示。企业可以出现亏损,但现金流不可以断裂。在ERP沙盘模拟中,一旦现金断流,企业就将宣告破产。因此,财务总监在每年年初编制现金预算是非常必要的。

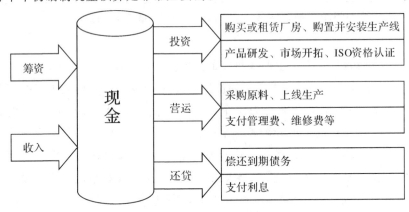

图5-2 ERP沙盘模拟中的现金流

从图5-2中可以看出,现金在投资方面主要包括购买或租赁厂房、购置并安装生产线、产品研发、市场开拓及ISO资格认证等业务活动;在营运方面主要包括支付原材料费用、上线生产时的加工费用、每季度的行政管理费用及每年度的生产线设备维修费用等业务活动;在还贷方面主要用于偿还到期的长期贷款、短期贷款或高利贷,并支付相应贷款的规定利息。

现金预算其实就是财务管理活动中对未来年度模拟企业的现金收支状况的精准预估。它不仅可以明确现金的过剩和短缺情况,还能指出这些问题出现的时间,从而避免资金闲置或短缺。此外,现金预算还可以指导下个经营年度的财务管理过程,并预测企业对到期债务的偿还能力。现金预算的编制方法主要有收支预算法和调整净收益法,读者可以参考相关专业教材来学习,在此不再赘述。

5.1.4 存货管理

1. 原材料入库

采购总监根据采购提前期所下达的采购订单,当订单上的原材料抵达企业时,任何一家模拟企业都需无条件接收并支付相应的原材料采购费用。若企业资金不足以完成支付,且无法通过应收账款贴现来弥补,则企业会因现金流断裂而宣告破产。同时,为避免过大的库存积压导致企业利润受损和现金流紧张,原材料库中的原材料应保持在一个合理的水平。

在沙盘模拟操作中,采购总监需将原材料订单区的小空桶推动至对应的原材料库方格中。当小空桶到达原材料库时,财务总监需向供应商支付原材料采购费用,采购总监则将换取到的相应价值的原材料放入对应的原材料库。

2. 生产产品

(1) 生产条件。

模拟企业在生产产品时必须满足四个基本条件:具备生产资格、拥有生产线、备有原材料及支付加工费用。生产线在取得产品生产资格后方可生产对应产品。每条生产线同时只能生产一个在制品,且仅有空闲的生产线可投入生产。产品上线生产时必须确保原材料充足,并支付相应加工费用。现实中加工费通常包括工人工资等支出。

(2) 上线生产。

采购总监从原材料库中取出所需原材料交给生产总监,财务总监则从现金库中取出产品加工费。生产总监将原材料和加工费放入小空桶,并放置在空闲生产线的1Q方格处,表示该生产线已开始生产某产品。例如,生产一个P2产品时,生产总监需向采购总监申请一个R2原材料和一个R3原材料,并向财务总监申请加工费,然后将这些物品放入小空桶,放置在空闲生产线的1Q方格处。上线生产任务的执行需生产总监、采购总监和财务总监的协同配合,以确保生产活动的顺利进行。若原材料不足或加工费短缺,生产线将暂时停工,等待条件满足后再继续生产。任何一项条件的缺失都将导致无法按期交货,进而需支付高额的违约罚款。

不同产品所需的原材料不同,实际生产中每条生产线的加工费也可能有所差异。但在模拟运营规则中,为简化操作,我们规定所有产品支付的加工费相同,均为1M现金。

(3) 更新生产与完工入库。

生产总监需按季度时序,依次将生产线上的在制品向前推动一个方格,表示完成生产更新。当在制品通过生产线所有方格后,即视为完工产品,需放入成品库。成品入库时应按产品类型放置在对应的成品库区域。

(4) 产品成本。

在ERP沙盘模拟中,产品上线生产时即一次性投入原材料并支付加工费,因此在制品与完工产品的成本相同。每种产品的直接成本等于其构成原材料的价值总和加上加工费用。例如，一个 P2 产品由一个 R1 和一个 R2 组成，每个原材料价值 1M，再加上加工费 1M，因此一个 P2 的直接成本为 3M。同理，一个 P1 产品的直接成本为 2M，一个 P3 产品的直接成本为 4M，一个 P4 产品的直接成本为 5M。

5.1.5 交货与收现

1. 交货

在 ERP 沙盘模拟中，营销总监必须严格按照订单中规定的数量进行一次性整单交货，不允许对一张订单进行分批交付。

营销总监需定期核查订单，确认各种产品产成品库中的存货量。一旦库存量满足订单需求，营销总监需按订单约定的产品数量向客户交货。同时，财务总监需确认与订单销售总额相等的灰色币已按订单要求放入现金库或应收账款处。

2. 收现

若订单要求应收账款期数为 0 期，财务总监需直接将货款放入现金库，这就是现金收款活动，并在经营记录表中记录该笔现金收入。若应收账款期数为 0 期以外，即赊销贷款，形成应收账款，财务总监则需将货款放入应收账款区的对应期数位置。由于此部分资金为应收账款而非现金，因此在经营记录表中不应记录此笔资金。

在应收款收现环节，财务总监需将应收账款按时间顺序逐步向现金库方向移动。一旦应收账款移动至现金库，即表示该笔应收账款已收现。

5.1.6 综合管理费用表与税金

1. 综合管理费用

综合管理费用涵盖了企业在运营过程中产生的多项支出，包括维修费、转产费、厂房租金、行政管理费、广告费、其他损失以及新市场开拓投资、产品研发投资和 ISO 资格认证投资等，如图 5-3 所示。在模拟经营过程中，企业需按照规定的金额，将相应的灰色币放置在盘面对应位置，以模拟费用的支付或投资的进行。在期末结账前，财务总监需仔细盘点这些位置上的灰色币数量，确保数据的准确性，并据此编制综合管理费用明细表，以便清晰地了解各项费用的支出情况。

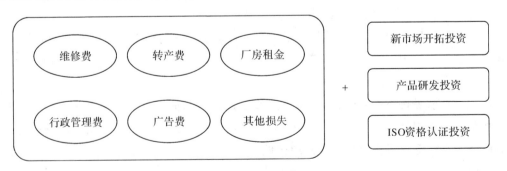

图 5-3 综合管理费用构成要素

2. 所得税

企业所得税的计算遵循一定的规则。企业实现的税前利润需要用于弥补以前年度经营过程中产生的亏损,在弥补完亏损后,以剩余的毛利润余额作为计算所得税的基数,再乘以所得税的税率(通常为25%),即可得出本年度应缴纳的所得税。若计算结果为非整数,则按照向下取整的原则确定税额。

在模拟经营的前几个年度,企业往往需要投入大量资金用于新产品的研发、新市场的开拓以及ISO资格认证等。然而,由于产品种类单一、市场需求有限以及生产线产能较低等因素,企业在这些年份的销售总额往往较少,因此大多数企业会处于亏损状态,净利润值为负,不需要在下一年度缴纳所得税。这种情况在模拟经营初期是正常的。随着模拟经营的进行,企业逐渐通过生产经营取得了新产品的生产资格、扩大了市场份额并提升了生产线产能,就会实现盈利。此时,企业在计算所得税时应先弥补前几个年度的所有亏损,再用余额计算所得税。所得税的计算对于初学者来说可能较为复杂,容易导致财务报表出错。因此,在计算过程中需要格外小心。

在未缴纳所得税的情况下,若本年度末的所有者权益比上年度的所有者权益多,那么多出的部分才需要缴纳所得税。假设模拟企业起始年年末所有者权益为66M,所得税的计算可分为以下情况。

(1)当上年年末所有者权益<66M时,税金计算公式为:

$$\text{税金} = (\text{上一年度年末时的所有者权益} + \text{本年度的税前利润} - 66) \times 25\% \quad (5-1)$$

例如,某模拟企业上一年度年末时的所有者权益为57M,本年度的税前利润为16M,则税金=(57+16-66)×25%=1.75M,向下取整后,下个年度应交所得税为1M。

(2)当上年年末所有者权益≥66M时,税金计算公式简化为:

$$\text{税金} = \text{本年度的税前利润} \times 25\% \quad (5-2)$$

例如,某模拟企业上一年度年末时的所有者权益为68M,本年度的税前利润为21M,则税金=21×25%=5.25M,向下取整后,下个年度应交所得税为5M。

财务总监在编制财务报表时,需将每个年度计算得出的所得税税值填入利润表,并在当年资产负债表中记录应交税金。这笔税金需在下一年度的年初时上交。因此,在制定财务预算时,财务总监应充分考虑税金的支出。

5.2 实训起始年初始状态设置

ERP沙盘模拟实训并非从企业的初创阶段开始,而是要求经营管理团队接手一家已运营多年且有一定规模的生产制造型企业。这些企业拥有厂房、生产线和市场,新组建的管理层需要接手并继续运营这些企业。在接手这些企业时,各管理团队需深入理解企业运营规则及其在沙盘模拟中的应用。因此,ERP沙盘模拟课程特别设计了起始年的企业运营环节。

尽管通过5.1小节的学习,管理团队已经掌握了运营企业的基本初始信息和必须遵循的运营规则,但如何生动地在沙盘盘面上展现这些信息,以及如何在沙盘模拟中实际运用这些规则,仍是管理团队需要在起始年详细了解和准备的内容。通过沙盘盘面上企业初始状态的设定,管理团队可以深入领会财务数据与企业业务活动之间的关联,认识到财务报表实际上是对企业运营过程中产生的各种数据进行整理、总结和提炼的结果,从而真正理解"透过财务看经营"的核心理念。

起始年,也称第0年或教学年。在这一阶段,授课教师将扮演原管理层的角色,带领由学生们组成的新的模拟企业管理团队(即新管理层)共同完成沙盘操作。起始年运营的主要目标在于帮助新管理层顺利度过团队磨合期,进一步熟悉ERP沙盘模拟的运营规则,并清晰掌握企业的经营流程以及各种沙盘教具的操作方法。

5.3 企业全年运营流程

ERP沙盘模拟的核心部分是企业经营竞争模拟,这一过程需要各模拟企业经营4~6个年度。每年度开始时,市场会发布预测资料,营销总监据此分析各市场对各种产品的总需求量和各种产品的单价趋势,并制定相应的市场营销战略。

在总经理的领导下,每家模拟企业需明确长期发展战略,并在营销总监制定的市场营销战略基础上讨论并调整经营战略目标。随后,各总监依据企业战略目标制定各自职能部门的经营策略,并按照既定的经营流程开展业务经营。这些经营决策的结果将直接反映在企业的经营成果中。

模拟企业在运营过程中需遵循一系列管理业务活动的时间顺序,这些活动简化后构成企业的整体运营流程。每家模拟企业必须严格按照此流程进行经营活动。总经理需根据运营流程中规定的业务作业顺序发布任务指令,并在完成后在相应方格内打"√"。财务总监需在流程表中记录现金收支情况。生产总监需记录产品上线、产品完工入库、生产线状态及产品库存等情况。采购总监负责记录原材料的入库、在途及库存情况。销售总监则需记录产成品入库、订单交货、新市场开拓及新产品开发等情况。

5.3.1 年度运营总流程

企业经营流程是对企业实际工作流程的高度简化与概括,详细记录了模拟实训中各项业务活动在特定时序下的开展情况。企业经营流程记录表(表5-2)包含了每年度年初的5项工作、每年度按季度执行的14项工作和每年度年末的10项工作。

表5-2 起始年总经理企业经营流程记录表　　　　　　　　　　　组

时间	请按顺序执行下列各项操作,每执行完一项操作,总经理在相应的方格内打"√"。					
年初工作	新年度规划会议	√				
	投放广告	√				
	客户订货会/登记销售订单	√				
	制定新年度计划	√				
	支付应付税	√				

续表

时间	请按顺序执行下列各项操作,每执行完一项操作,总经理在相应的方格内打"√"。	1季度	2季度	3季度	4季度
按季度执行的工作	季初现金盘点(请填余额)				
	更新短期贷款/还本付息/申请短期贷款/申请高利贷	×	×	√	√
	更新应付款/归还应付款	×	×	×	×
	原材料入库/更新原材料订单	√	√	√	√
	下原材料订单	√	√	√	√
	更新生产/完工入库	√	√	√	√
	投资新生产线/变卖生产线/生产线转产	√	√	√	√
	开始下一批生产	√	√	√	√
	更新应收款/应收款收现	×	×	×	√
	出售厂房	×	×	×	×
	按订单交货	×	×	×	×
	产品研发投资	√	√	√	√
	支付行政管理费	√	√	√	√
	其他现金收支情况登记	×	×	×	×
期末工作	支付利息/更新长期贷款/申请长期贷款				√
	支付设备维护费				√
	支付租金/购买厂房				×
	计提折旧				√
	新市场开拓/ISO资格认证投资				√
	结账				√
	缴纳违约订单罚款				√
	现金收入合计				√
	现金支出合计				√
	期末现金对账(请填余额)				√

模拟企业的管理团队各成员应迅速融入角色,承担起各自岗位的职责,有条不紊地推进模拟企业的运营业务活动。在执行经营流程时,团队成员必须严格遵循企业经营记录表中规定的流程。总经理应主持全局,把控进度;财务总监需密切关注现金流向;采购总监需重点关注原材料库存情况;生产总监则需特别关注产品库存情况。管理团队各成

员应明确分工、各司其职,严格按照经营流程表中的任务顺序协同操作,以体现管理的流程化。在填写企业经营记录表时,若某项操作涉及现金流动,应在相应方格中记录现金金额或数量;若无现金流动,则打"√";若某项操作未进行,则打"×"。整个团队每完成一项工作,总经理应在相应方格内打"√",表示该业务活动已完成。

5.3.2 年初运营流程

1. 新年度规划会议

每年度年初的首要工作是总经理带领团队召开新年度规划会议。会议上,团队将深入讨论企业的未来发展方向,并制定企业发展的战略目标等内容。由于是起始年且仅经营一年,部分团队可能会选择跳过此环节直接进入下一项工作。然而,值得注意的是,在经营流程表中,新年度规划会议仅占一个方格,因此往往被忽视。但实际上,一个成熟且高水平的管理团队通常会花费超过规定经营时间 3/4 以上的时间来召开年度规划会议。会议中,团队应明确写出企业未来的发展战略目标。例如,A 企业若计划主打 P2 和 P3 产品,便需制定以 P2 和 P3 产品的生产和服务为核心业务的战略,并规划研发新产品 P2 和 P3。同时,企业要根据市场预测,确定 P2 和 P3 产品在区域、国内、亚洲市场上的销售策略,即制定营销战略。生产总监需规划购买哪些先进设备以支持生产。财务总监则要根据这些战略目标制定企业的财务规划。会议结束后,总经理应在经营流程表的"新年度规划会议"方格内打"√"。

2. 投放广告

假定起始年年初所有的模拟企业均支付 1M 的广告费,营销总监在"广告费登记表"(表 5-3)的本地市场 P1 产品方格中填写"1",表示准备投放 1M 的广告费。

表 5-3 广告费登记表

市场	P1	P2	P3	P4	ISO 9000	ISO 14000	总计
本地	1						1
区域							
国内							
亚洲							
国际							
总计	1						1

财务总监根据表 5-3 中填写的数据,从现金库中取出一个灰色币放在费用区的"广告费"处,同时记录现金流出,在企业经营表中填入"-1",如表 5-4 所示。

表 5-4 起始年财务总监现金预算表　　　　　　　　　　　A 组

经营过程	1 季度	2 季度	3 季度	4 季度
期初库存现金	42			
市场广告投入	−1			
支付上年应交税	−1			
季初现金盘点	40	28	15	18
利息（短期贷款）/贴现费用	0	0	0	0
支付到期短期贷款/申请短期贷款	0	0	20	0
原材料采购	−1	−1	−2	−2
开始下一批生产	−1	−1	−1	−1
生产线投资	−6	−6	−10	−10
应收款收现	0	0	0	32
产品研发投资	−3	−3	−3	−3
支付管理费用	−1	−1	−1	−1
季末现金	28	15	18	33
利息（长期贷款）				−4
支付到期长期贷款/申请长期贷款				60
设备维护费用				−4
租金				0
购买新厂房				0
市场开拓投资				−3
ISO 资格认证投资				−1
其他	0	0	0	0
库存现金余额	28	15	18	81

总经理在经营流程表的"投放广告"方格内打"√"。

2022 年 2 月 Hinge 发布的"2022 年高增长报告"数据显示，高增长的专业服务公司在 2021 年平均将 15％的收入用于营销，而非增长公司中这一比例则为 16％。

3. 参加订货会/登记订单

每家企业的营销总监需要参加年初的订货会，按照一定的选单规则依次选取所需客户订单并领取产品订单。产品订单如图 5-4 所示。由图 5-4 可知，这张订单是经营年度为第 0 年的本地市场订单，订单号为 LP1－1/6，产品为 6 个 P1 产品，每个 P1 产品的单价为 5.3M，总销售额为 32M，且有 2Q 的应收账期，即交货后不能马上得到现金，而是形成一笔两个账期的应收账款,两个季度后才能收现。如果订单上应收账期为0Q,则表示为现金销售,交货就能马上收现。

```
第 0 年    本地市场    LP1-1/6

        产品数量:6P1
        产品单价:5.3M/个
        总金额:32M
        应收账期:2Q
```

图 5-4 产品订单

营销总监需将订单放在产品订单区的"P1 订单"处,并根据订单信息填写"订单登记表",如表 5-5 所示。总经理在经营流程表的相应方格内打"√"以确认订单登记完成。如果是现金销售,财务总监在自己的经营流程表中要填入对应的金额数值。

表 5-5 订单登记表

年度	第 0 年							
订单号	LP1-1/6							
市场	本地							
产品	P1							
数量	6							
账期	2Q							
销售额								
成本								
毛利								

注:表中销售额、成本、毛利的内容在交货时填写。

4. 年度计划

在这一步骤中,总经理带领所有总监们根据年度会议的会议精神制定各部门的年度计划,计划可以精确到每个季度。各位总监分别制定产品、市场、设备、财务等方面的年度计划,并在要点记录中进行记录,如图 5-5 所示。财务总监需要注意,要在上个年度末即开始着手制定本年度的财务预算,并结合其他总监提出的计划制定财务方面的年度计划。

以 A 企业为例,若其主打 P2 和 P3 产品的生产,各总监则应围绕这两个产品制定年度计划。

要点记录

第 1 季度：_____

第 2 季度：_____

第 3 季度：_____

第 4 季度：_____

年底小结：_____
_____

图 5-5 要点记录

各总监制定的年度计划大致如下。

(1) 产品计划：第 1 季度开始研发 P2、P3 产品，用 6 个季度完成研发工作。

(2) 市场计划：开拓区域和国内市场，同时投资 ISO 9000 认证资格。

(3) 设备计划：第 1 季度开始投资一条柔性生产线；第 3 季度开始投资一条全自动生产线，专门用于生产 P2 产品；

(4) 融资计划：第 3 季度初计划进行短期贷款 20M，年末进行长期贷款，贷款金额为 60M。

会议结束后，总经理应记录本年度工作要点(图 5-6)，并在经营流程表的"制定年度计划"方格内打"√"。

要点记录

第 1 季度：研发 P2、P3；投资一条柔性生产线，生产 P1。

第 2 季度：研发 P2、P3；再投这条柔性生产线。

第 3 季度：短期贷款 20M，研发 P2、P3；柔性生产线再建；投资一条全自动生产线，生产 P2。

第 4 季度：研发 P2、P3；柔性生产线再建；全自动生产线再建；长期贷款 60M，5 年期；开拓区域和国内市场，投资 ISO 9000 认证资格。

年底小结：_____
_____

图 5-6 第 0 年要点记录

5. 支付上年所得税

根据资产负债表和利润报表的记录，上年度应交所得税为 1M。财务总监需从现金库中取出一个灰色币，放在费用区的"税金"处，同时记录现金为"-1"。特别需要注意的是，本年度缴纳的税款是上个年度运营所产生的所得税。

5.3.3 第 1 季度企业运营流程

1. 季初现金盘点

起始年年初现金库存 42M，扣除年初支付的广告费 1M 和上个年度的所得税 1M 后，余额为 40M。财务总监需在财务决算表中记录季初现金为"40"。总经理在经营流程表的相应方格内打"√"。同时，采购总监需查看原材料库存情况并记录 R1 为"2"，生产总监需查看产成品库中的产品情况并记录 P1 为"3"。

2. 更新短期贷款/申请短期贷款/申请高利贷

由于初始状态中企业未持有任何短期贷款，因此无须进行短期贷款更新操作。根据当前季度的工作计划，企业也无须申请新的短期贷款。总经理在经营流程表的相应方格内打"×"以表示该步骤已完成。若后续模拟经营中企业持有短期贷款，则在更新短期贷款环节，财务总监将代表短期贷款的小空桶向现金方向移动一格。

3. 更新应付款/归还应付款

在实训过程中，若规则允许发生应付账款，则需要进行此步骤操作。财务总监会将应付账款区内的小空桶向现金方向移动一格。然而，考虑到实训或竞赛中通常不允许出现应付账款的情况，因此总经理在经营流程表的相应方格内打"×"。

4. 原材料入库/更新原材料订单

在初始状态下，原材料库内备有 2 个 R1 原材料，同时 R1 订单处放置有一个小空桶。采购总监需将原材料订单区的小空桶向前推进一格，表示原材料订单正在朝原材料库方向移动。当原材料订单到达原材料库时，采购总监需向财务总监申请 1 个灰色币，用以换取 1 个 R1 原材料放入原材料库。财务总监在现金记录中减去相应金额，记录为"－1"，而采购总监则在原材料记录中增加 R1 的数量，记录为"＋1"。总经理在经营流程表的相应方格内打"√"。需要注意的是，一旦原材料订单下达，当订货抵达企业时，采购总监必须无条件接受原材料，并立即支付现金，不得拖欠。在过往的实训中，企业常因资金不足无法支付原材料费用而导致企业破产。因此，财务总监需精心规划年度财务预算，以避免此类风险。

5. 下原材料订单

生产总监需定期检查生产线的在制品状态。当前，第 1 条手工生产线的在制品位于 2Q 处，第 2 条位于 3Q 处，第 3 条位于 1Q 处，而第 4 条半自动生产线同样位于 1Q 处。根据生产进度，更新生产后，各条生产线的在制品位置将发生变化。考虑到下个季度部分生产线将空闲，并需要 2 个 R1 原材料以启动新的生产，生产总监需进行原材料需求计算。目前，原材料库中有 3 个 R1 原材料，第 3 季度已使用 1 个，剩余 2 个足够满足当前季度的生产需求，因此本季度无须下达新的原材料订单。然而，鉴于初学者在计算上可能不够精确，难以实现零库存目标，为防止因计算错误导致生产线停工待料，生产总监可预先下达 1 个 R1 的采购订单。此过程需生产总监与采购总监协同完成，以确保生产线的顺畅运行。生产总监需详细记录各生产线的在制品状态，并在生产计划与采购计划表中更新相关图示和数据。总经理需在经营流程表的相应方格内打"√"。4 条生产线在初始状态及更新生产后的在制品状态如图 5－7 所示。

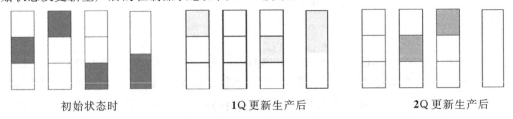

初始状态时　　　　1Q 更新生产后　　　　2Q 更新生产后

图 5－7　4 条生产线在初始状态及更新生产后的在制品状态

生产计划与采购计划如图 5-8 所示。生产线设备状态的沙盘推演过程如表 5-6 所示。

生产线		第1年			
		1季度	2季度	3季度	4季度
1. 手工	产品			P1	
	材料		R1		
2. 手工	产品		P1		
	材料	R1			R1
3. 手工	产品	P1			P1
	材料				
4. 半自动	产品		P1		P1
	材料	R1			
5.	产品				
	材料				
……	产品				
	材料				
合计	产品	1P1	2P1	1P1	2P1
	材料	2R1	1R1		1R1

图 5-8 生产计划与采购计划

表 5-6 生产线设备状态的沙盘推演过程

生产线编号		1		2		3		4		5	6
生产线状态		手工		手工		手工		半自动		柔性	全自动
年初状态		P1	2Q	P1	3Q	P1	1Q	P1	1Q		
第1季度末	在产	P1	3Q	P1	1Q	P1	2Q	P1	2Q		
	转产										
	变卖										
	新建/再建									6	
第2季度末	在产	P1	1Q	P1	2Q	P1	3Q	P1	1Q		
	转产										
	变卖										
	新建/再建									6	
第3季度末	在产	P1	2Q	P1	3Q	P1	1Q	P1	2Q		
	转产										
	变卖										
	新建/再建									6	4

续表

生产线编号		1		2		3		4		5	6
生产线状态		手工		手工		手工		半自动		柔性	全自动
第4季度末	在产	P1	3Q	P1	1Q	P1	2Q	P1	1Q		
	转产										
	变卖										
	新建/再建									6	4
产出合计		5P1		1P1		2P1		1P1		2P1	

在操作时,采购总监取一个小空桶,放在原材料订单区的"R1订单"处,表示下达了采购1个R1原材料的订单,并记录R1为"(1)"。下原材料订单表示与原材料供应商签订了采购合同。由于原材料还没有实际入库,故此数字用括号标出。

6. 更新生产/完工入库

在这一步骤中,生产总监需将生产线上的在制品依次向上推动一个方格,表示更新生产进度。当生产线上的在制品被推出生产线的方格外时,表示产品下线,即产成品完工,这时需要将制造完成的产品放入相应的产品库中,也就是完工入库。总经理需在经营流程表的相应方格内打"√"。例如,第2条手工生产线上的在制品P1在更新生产后被放入"P1产品库",就是完工入库过程。生产总监需要记录P1为"+1"。本季度产品库存情况如表5-7所示。

表5-7 起始年产品库存情况

产品库	1Q	2Q	3Q	4Q
P1	3+1=4			
P2				
P3				
P4				

7. 新建、在建、转产、变卖生产线

根据工作计划,生产总监需新建一条柔性生产线用于生产P1产品。具体操作时,生产总监申请一条柔性生产线,将其翻转后放置于大厂房的第5条生产线的位置上,并持一个小空桶向财务总监申请6M资金放入桶中。财务总监记录现金流出6M,并在相应表格中标记"-6"。总经理在经营流程表的相应方格内打"√"。

需要注意的是,起始季度无须进行转产或变卖生产线的操作,因此相关步骤可省略。若后续实训或竞赛中涉及转产或变卖生产线,则按照变卖的步骤进行操作。

8. 开始下一批生产

在物理沙盘中,生产总监需向采购总监申请1个R1原材料,并向财务总监申请1个灰色币作为加工费,以制造1个P1在制品,并将其放置在空出的生产线第1期格内。财务总监记录现金为"－1",采购总监记录R1为"－1"。此步骤需生产、采购和财务协同完成。上线生产要素有生产资格、生产线、原材料、加工费。总经理在经营流程表的相应方格内打"√"。

9. 更新应收款/应收款收现

在物理沙盘中,财务总监需将应收款标识向现金库方向推进一格。鉴于当前无应收账款,因此无须执行此操作。总经理在经营流程表的相应方格内打"×"。需要注意的是,完成更新后,本季度内不得再次执行此操作。

10. 出售厂房

本季度不计划出售厂房,总经理在经营流程表的相应方格内打"×"。若后续需要出售厂房,生产总监将依照厂房出售规则执行。

11. 按订单交货

生产总监盘点"P1产品库"中产成品的数量,现有4个P1产品,不足以满足交货所需的6个P1产品,因此在经营流程表的相应方格内打"×"。

如果需要交货,企业则应遵循以下原则。

(1)按照订单数量整单交货。

(2)在订单规定的交货期前交货,如订单要求交货期为3Q,则应在3季度之前或当季交货。

(3)产品售出后,若应收账期为0,财务总监直接将现金放入现金库;若应收账期不为0,则将销售资金放入沙盘盘面对应的应收账款处。

(4)未能如期交货的订单视为违约订单,将转入下一年度,并须在下一年度的第1季度交货。违约金按违约订单销售总额的25%向下取整计算,由财务总监从现金库中取出并放入费用区的其他项。

12. 产品研发投资

营销总监申请1M资金并装入小桶置于P2生产资格处,再申请2M资金,装入小桶置于P3生产资格处。总经理在经营流程表的相应方格内打"√"。财务总监记录现金为"－3"。

13. 支付行政管理费

财务总监从现金库中取出1个灰色币,放入费用区的"管理费"位置,并记录现金为"－1"。总经理在经营流程表的相应方格内打"√"。

14. 其他现金收支情况登记

本季度无其他收支事项,总经理在经营流程表的相应方格内打"×"。此项主要用于登记出售生产线时产生的费用及违约罚款等。

5.3.4 第 2 季度企业运营流程

1. 季初现金盘点

财务总监对现金库存进行盘点,确认库存金额为 34M。因此,财务总监在财务决算表中记录季初现金为"34"。总经理在经营流程表的相应方格内打"√"。同时,采购总监查看原材料库存情况,记录 R1 为"2";生产总监则查看产成品库中的产品情况,记录 P1 为"4"。

2. 更新短期贷款/申请短期贷款/申请高利贷

当前季度无须更新短期贷款,且根据工作要点,本季度也不需要进行短期贷款申请。因此,总经理在经营流程表的相应方格内打"×"。

3. 更新应付款/归还应付款

本季度没有应付款项需要更新或归还,总经理在经营流程表的相应方格内打"×"。

4. 原材料入库/更新原材料订单

原材料库中现有 2 个 R1 原材料,且原材料订单区有 1 个小空桶。采购总监需将原材料订单区的小空桶向原材料库方向推进一格。当空桶到达原材料库时,采购总监向财务总监申请 1 个灰色币以换取 1 个 R1 原材料并将其放入原材料库。财务总监在记录中标记现金为"-1",采购总监记录 R1 库存为"+1"。总经理在经营流程表的相应方格内打"√"。

5. 下原材料订单

生产总监需仔细查看当前生产线的在制品状态,并结合生产计划与采购计划表中的数据计算所需的原材料数量。4 条生产线在初始状态及更新生产后的在制品状态如图 5-9 所示。这个阶段的生产计划与采购计划如图 5-8 所示,生产线设备状态的沙盘推演过程如表 5-6 所示。

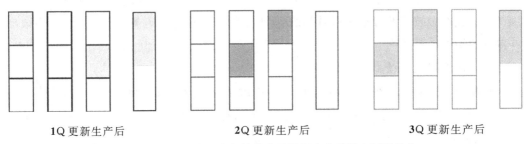

图 5-9　4 条生产线在初始状态及更新生产后的在制品状态

从图 5-9 可以看出,因原材料库存 2 个 R1,在第 13 步上线新的产品时,需要两个原材料,因此这个季度原材料库中 R1 原材料将为 0。但下个季度 Q3 更新生产后第 3 条产线将空下来,就需要 1 个 R1 原材料开始新的生产,因此可以算出第 2 季度需要下达采购 1 个 R1 的订单。CEO 在经营流程表的相应方格内打"√"。采购总监记录 R1"(1)"。

6. 更新生产/完工入库

生产总监将依次向上推动在制品前进一格,以进行生产更新及完工入库操作。总经理在经营流程表的相应方格内打"√"。例如,第 1 条手工生产线和第 4 条半自动生产线上的在制品 P1 在更新生产后被放入"P1 产品库"。生产总监需要记录 P1 为"＋2"。本季度产品库存情况如表 5-8 所示。

表 5-8　起始年产品库存情况表

产品库	1Q	2Q	3Q	4Q
P1	3＋1＝4	4＋2＝6		
P2				
P3				
P4				

7. 新建、在建、转产、变卖生产线

根据工作要点,生产总监将继续对 1 季度新建的那条柔性生产线进行投资和建设,该柔性生产线目前处于在建状态。操作时,生产总监需向财务总监申请 6M 的资金并放入桶中。财务总监记录该项为"－6",总经理在经营流程表的相应方格内打"√"。

8. 开始下一批生产

在物理沙盘中,生产总监需向采购总监申请 2 个 R1 原材料,并向财务总监申请 2 个灰色币用以制造 2 个 P1 在制品,并将它们放置在空闲生产线的第 1 期格内。财务总监记录现金为"－2",采购总监记录 R1 为"－2"。总经理在经营流程表的相应方格内打"√"。

9. 更新应收款/应收款收现

财务总监需将应收款标识向现金库方向推进一格。鉴于目前无应收账款,总经理在经营流程表的相应方格内打"×"。

10. 出售厂房

本季度无厂房出售计划,总经理在经营流程表的相应方格内打"×"。

11. 按订单交货

生产总监盘点"P1 产品库"中产成品的数量,共计 6 个 P1 产品,足够满足交货所需的数量。营销总监将这个订单及 6 个 P1 产品上交,获得 32M 的灰色币。财务总监将 32M 的灰色币放入二期应收账款处。总经理在经营流程表的相应方格内打"√"。生产总监记录库存为"0",并将销售额、直接成本及毛利润等值计算后填入订单登记表。由于现金尚未收到,财务总监无须进行现金记录。

12. 产品研发投资

营销总监申请 1M 资金并装入小桶放在 P2 生产资格处,同时申请 2M 资金并装入小桶放在 P3 生产资格处。总经理在经营流程表的相应方格内打"√"。财务总监记录现金为"－3"。

13. 支付行政管理费

财务总监从现金库中取出 1 个灰色币,放置在费用区的"管理费"处,并记录现金为"－1"。总经理在经营流程表的相应方格内打"√"。

14. 其他现金收支情况登记

本季度无其他收支事项,总经理在经营流程表的相应方格内打"×"。

5.3.5 第 3 季度企业运营流程

1. 季初现金盘点

财务总监对现金库存进行盘点,确认库存金额为 15M。因此,财务总监在财务决算表中记录季初现金为"15"。总经理在经营流程表的相应方格内打"√"。同时,采购总监查看原材料库存情况,记录 R1 为"0";生产总监则查看产成品库中的产品情况,记录 P1 为"0"。

2. 更新短期贷款/申请短期贷款/申请高利贷

由于之前没有任何短期贷款,因此无须进行短期贷款更新。根据财务总监的财务预算及工作要点,本季度需要进行贷款。因此,财务总监向银行申请了短期贷款 20M。财务总监在短期贷款的 Q4 处放置了一个倒立的小空桶,并将取得的 20M 放入现金库,同时记录"＋20"。根据工作要点,本季度不需要进行高利贷操作。总经理在经营流程表的相应方格内打"√"。

3. 更新应付款/归还应付款

本季度没有应付款项需要更新或归还,总经理在经营流程表的相应方格内打"×"。

4. 原材料入库/更新原材料订单

采购总监将原材料订单区的一个小空桶朝原材料库方向推进一格。当空桶到达原材料库时,采购总监向财务总监申请 1 个灰色币以换取 1 个 R1 原材料并将其放入原材料库。财务总监在记录中标记现金为"－1",采购总监记录 R1 库存为"＋1"。总经理在经营流程表的相应方格内打"√"。

5. 下原材料订单

生产总监根据生产线状态及生产计划,制作 4 条生产线在初始状态及更新生产后的在制品状态,如图 5-10 所示。同时,生产总监可参照之前的生产计划与采购计划以及生产线设备状态的沙盘推演过程进行操作。

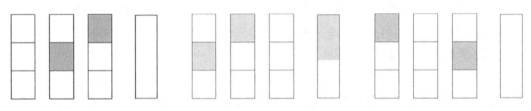

2Q 更新生产后　　　　3Q 更新生产后　　　　4Q 更新生产后

图 5-10　4 条生产线在初始状态及更新生产后的在制品状态

由于原材料库中现有 1 个 R1 原材料，而在上线新产品时需要 1 个原材料，因此这个季度原材料库中的 R1 原材料将耗尽。但考虑到下个季度（4Q）更新生产后，有 2 条生产线将开始生产，需要 2 个 R1 原材料，因此可以计算出第 3 季度需要下达采购 2 个 R1 原材料的订单。总经理在经营流程表的相应方格内打"√"。采购总监记录 R1 订单为"（2）"。

6. 更新生产/完工入库

生产总监按照生产流程依次向上推动在制品前进一格，进行更新生产及完工入库操作。总经理在经营流程表的相应方格内打"√"。例如，第 3 条手工生产线的在制品 P1 经过更新生产后被放入"P1 产品库"。生产总监需要标记 P1 为"＋1"。本季度产品库存情况如表 5-9 所示。

表 5-9　起始年产品库存情况表

产品库	1Q	2Q	3Q	4Q
P1	3＋1＝4	4＋2＝6	＋1	
P2				
P3				
P4				

7. 新建、在建、转产、变卖生产线

根据工作要点，企业计划在这个季度新建一条全自动生产线，所需资金为 4M，拟安装在大厂房的第 6 生产线位置。同时，Q1 在建的那条柔性生产线将继续进行投资并再建，需追加投资 6M。操作时，生产总监向财务总监申请 10M 的资金，其中 4M 用于新建的全自动生产线，6M 用于柔性生产线的再建。财务总监在财务记录中标记现金为"－10"。总经理在经营流程表的相应方格内打"√"。

8. 开始下一批生产

为了启动下一批生产，生产总监向采购总监申请 1 个 R1 原材料，并向财务总监申请 1 个灰色币作为加工费，随后生产出 1 个 P1 在制品，并将其放置在空闲生产线的第 1 期格内。财务总监在财务记录中标记现金为"－1"。采购总监在原材料库存记录中标记 R1 为"－1"。总经理在经营流程表的相应方格内打"√"。

9. 更新应收款/应收款收现

财务总监负责将应收款标识向现金库方向推进一格，以反映应收款的变动情况。由于本季度没有应收账款，因此无须进行任何操作。总经理在经营流程表的相应方格内打"×"。

10. 出售厂房

本季度企业没有出售厂房的计划，因此无须进行任何操作。总经理在经营流程表的相应方格内打"×"。

11. 按订单交货

本季度所有订单已全部交付完成。总经理在经营流程表的相应方格内打"×"。生产总监在记录中标记已交货数量为"0",库存为"1"。财务总监在财务记录中标记订单交货相关金额为"0"。

12. 产品研发投资

为了推进产品研发计划,营销总监向财务总监申请资金。其中,1M 资金用于 P2 生产资格的研发,2M 资金用于 P3 生产资格的研发。营销总监将资金装入小桶并放置在相应的生产资格处。总经理在经营流程表的相应方格内打"√"。财务总监在财务记录中标记资金支出为"-3"。

13. 支付行政管理费

财务总监从现金库中取出 1 个灰色币,作为行政管理费的支出,并将其放置在费用区的"管理费"处。同时,财务总监在财务记录中标记现金为"-1"。总经理在经营流程表的相应方格内打"√"。

14. 其他现金收支情况登记

本季度无其他收支情况,总经理在经营流程表的相应方格内打"×"。

5.3.6 第 4 季度企业运营流程

1. 季初现金盘点

财务总监进行现金库存盘点,确认现金库存为 18M,因此财务总监在财务决算表中记录季初现金为"18"。总经理在经营流程表的相应方格内打"√"。同时,采购总监查看原材料库存情况,并记录 R1 为"0";生产总监查看产成品库中的产品情况,并记录 P1 为"1"。

2. 更新短期贷款/申请短期贷款/申请高利贷

由于 Q4 处已有一笔 20M 的短期贷款,财务总监需将此贷款标识向现金方向移动一格,即移动到 Q3 处。根据财务总监的财务预算及工作要点分析,本季度企业不需要进行新的贷款操作。根据当前的工作要点,本季度也没有高利贷的需求。

总经理在经营流程表的相应方格内打"√"。财务总监在相关记录中标记本季度贷款变化为"0"。

3. 更新应付款/归还应付款

本季度没有应付款项需要更新或归还,总经理在经营流程表的相应方格内打"×"。

4. 原材料入库/更新原材料订单

采购总监将原材料订单区的 2 个小空桶朝原材料库方向推进一格。当空桶到达原材料库时,采购总监向财务总监申请 2 个灰色币以换取 2 个 R1 原材料并放入原材料库。财务总监记录现金为"-2"。采购总监记录 R1 为"+2"。总经理在经营流程表的相应方格内打"√"。

5. 下原材料订单

鉴于柔性线将在第 2 年的第 1 季度开始生产,生产总监需要更新并制作 4 条生产线在初始状态及更新生产后的在制品状态,如图 5-11 所示。同时,生产总监参考之前的生产计划与采购计划以及生产线设备状态的沙盘推演过程进行操作。

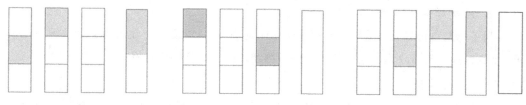

3Q 更新生产后　　　　　　4Q 更新生产后　　　　　　第二年度 1Q 更新生产后

图 5-11　4 条生产线在初始状态下及更新生产后的在制品状态

当前原材料库存中有 2 个 R1 原材料,但在上线新产品时需要 2 个原材料。因此,本季度原材料库中的 R1 原材料将全部使用完。然而,考虑到下一个季度(1Q)更新生产后,有 2 条生产线将开始生产,需要再补充 2 个 R1 原材料。因此,第 4 季度需要下达采购 2 个 R1 原材料的订单。总经理在经营流程表的相应方格内打"√"。采购总监在记录中标记 R1 订单为"(2)"。

6. 更新生产/完工入库

生产总监按照生产流程依次向上推动在制品前进一格,完成生产更新及完工入库操作。总经理在经营流程表的相应方格内打"√"。例如,第 2 条手工生产线和第 4 条半自动生产线的在制品 P1 经过更新生产后被放入"P1 产品库"。生产总监在库存记录中标记 P1 为"+2"。本季度产品库存情况如表 5-10 所示。

表 5-10　产品库存情况表

产品库	1Q	2Q	3Q	4Q
P1	3+1=4	4+2=6	+1	1+2=3
P2				
P3				
P4				

7. 新建、在建、转产、变卖生产线

根据本季度的工作要点,企业需新建一条全自动生产线,所需资金为 4M,计划安装在大厂房的第 6 生产线位置。同时,将继续投资并扩建 Q1 在建的柔性线,需追加投资 6M。操作时,生产总监向财务总监申请 10M 的资金,其中 4M 用于全自动生产线,6M 用于柔性生产线的扩建。财务总监在财务记录中标注现金为"-10"。总经理在经营流程表的相应方格内打"√"。

8. 开始下一批生产

生产总监向采购总监申请 1 个 R1 原材料,并向财务总监申请 1 个灰色币作为加工费以制作 1 个 P1 在制品。完成后,该在制品被放置在空出的生产线第 1 期格内。财务

总监在现金记录中标记现金为"－1"。采购总监在原材料库存记录中标记R1为"－1"。总经理在经营流程表的相应方格内打"√"。

9. 更新应收款/应收款收现

财务总监负责将应收款标识向现金库方向推进一格,以反映应收款的变动情况。因本季度没有应收账款,故无须进行此项操作。总经理在经营流程表的相应方格内打"×"。

10. 出售厂房

本季度公司没有出售厂房的计划,因此无须进行任何操作。总经理在经营流程表的相应方格内打"×"。

11. 按订单交货

本季度所有订单已全部交付完成。总经理在经营流程表的相应方格内打"×"。生产总监在记录中标记已交货数量为"0",库存为"1"。财务总监在财务记录中标记订单交货相关金额为"0"。

12. 产品研发投资

为了推进产品研发计划,营销总监向财务总监申请资金。其中,1M资金用于P2生产资格的研发,2M资金用于P3生产资格的研发。营销总监将资金装入小桶并放置在相应的生产资格处。总经理在经营流程表的相应方格内打"√"。财务总监在财务记录中标记资金支出为"－3"。

13. 支付行政管理费

财务总监从现金库中取出1个灰色币,作为行政管理费的支出,并将其放置在费用区的"管理费"处。同时,财务总监在财务记录中标注现金为"－1"。总经理在经营流程表的相应方格内打"√"。

14. 其他现金收支情况登记

本季度无其他收支情况,总经理在经营流程表的相应方格内打"×"。

5.3.7 年末运营流程

1. 支付长期贷款利息/更新长期贷款/申请长期贷款

(1) 支付长期贷款利息。

长期贷款的还款方式是每年付息,到期还本。初始状态下,企业拥有两笔长期贷款,共计40M,分别为4年后到期的20M和3年后到期的20M,年利率为10%,则年利息额为4M。财务总监从现金库中取出4个灰色币置于费用区的"利息"处,并记录现金为"－4"。总经理在经营流程表相应位置打"√"。

(2) 更新长期贷款。

财务总监将代表长期贷款的空桶向现金库方向移动一格,代表一年,即一个小空桶由FY4处移动至FY3处,一个小空桶由FY3处移动至FY2处。若空桶到达现金库,则需归还本金。总经理在经营流程表相应位置打"√"。需要注意的是,到期的长期贷款必须先还本金才能申请新的贷款。

(3) 申请长期贷款。

本年度申请长期贷款 60M,期限 5 年。财务总监将 60M 现金放入现金库,并将代表贷款的小空桶放在 FY5 处。在电子沙盘系统中输入贷款数额和期限,确认后完成操作。总经理在经营流程表相应方格内打"√",财务总监记录现金为"+60"。需要注意的是,长期贷款每年仅可申请 1 次,申请数额需基于财务总监的财务预算。

2. 支付设备维修费

企业现有 4 条生产线,每条生产线需支付 1M 维修费。财务总监从现金库中取出 4 个灰色币置于费用区的"维修费"处,并记录现金为"-4"。总经理在经营流程表相应方格内打"√"。

3. 支付租金/购买厂房

本年度企业拥有大厂房,未使用小厂房,故无须支付租金,也无购买厂房计划。总经理在经营流程表相应方格内打"×"。

4. 计提折旧

根据规则,每条手工生产线年折旧费为 1M,每条半自动生产线为 2M。本年度应计提折旧额为 5M。财务总监分别从 4 条生产线的净值桶内依次取出 1、1、1、2 共 5 个灰色币,放在费用区的"折旧"处,并在经营流程表的相应方格内填入"(5)"。由于折旧费没有实际支付现金,故此数字用括号标出。总经理在经营流程表的相应方格内打"√"。

5. 新市场开拓/ISO 资格认证投资

(1) 新市场开拓。

根据规划,本年度投资 3 个市场,每个市场投资 1M。营销总监申请市场标识牌并放置在相应位置,向财务总监申请投资费用并放入小桶中,再放在标识牌上。财务总监记录现金为"-3"。

(2) ISO 资格认证投资。

起始年要进行 ISO 9000 认证的投资,营销总监申请一个 ISO 9000 认证标识牌,反扣在营销规划中心的 ISO 9000 认证处,并向财务总监申请 1M 的投资费用,放在小桶中,再放在标识牌上。财务总监记录现金为"-1",总经理在经营流程表相应方格内打"√"。

6. 结账

财务总监在完成利润表和资产负债表后方可结账。每次结账后,费用区需要清空。

7. 缴纳违约订单罚款

本年度无违约订单,总经理在经营流程表相应方格内打"×"。

8. 现金收入合计

第 4 季度收入总计 92M,财务总监记录现金为"+92"。

9. 现金支出合计

计算各季度现金支出情况,便于财务总监了解支出状况并为下一年度财务预算做准备。

10. 期末现金对账

根据财务决算表计算现金数额,财务总监将其与现金库内现金数额对比,确保一致。财务总监记录期末现金数额为"81"。

5.3.8 流程外运营操作

1. 报表编制流程

会计报表的编制是财务总监的主要职责,同时也是团队协作的重要成果。报表编制流程如图5-12所示。

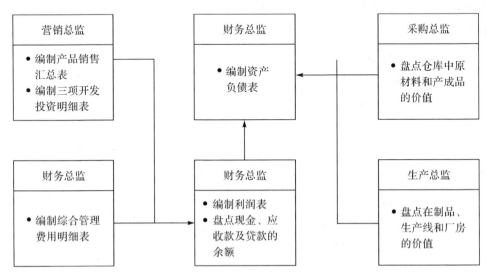

图 5-12 报表编制流程

2. 报表编制方法

(1)产品销售汇总表。

营销总监根据"订单登记表"汇总并编制"产品销售汇总表"。起始年产品销售汇总情况如表5-11所示。

表 5-11 起始年产品销售汇总表

产品	P1	P2	P3	P4	合计
数量/个	6				6
销售额/M	32				32
成本/M	12				12
毛利/M	20				20

(2)综合管理费用明细表。

财务总监根据费用区中"维修费""转产费""租金""管理费""广告费""其他"处的灰色币数量和营销总监提交的"三项开发投资明细表"中的相关数据及盘面营销规划中心的投资情况,详细填写"综合管理费用明细表",如表5-12所示。

表 5-12 起始年综合管理费用明细表　　　　　　　　　单位：百万元

项目	金额	备注
管理费	4	
广告费	1	
保养费	4	
租金	0	
转产费	0	
市场准入	3	☑区域　☑国内　☑亚洲　☐国际
ISO 资格认证	1	☑ISO 9000　☐ISO 14000
产品研发	12	P2(4)　P3(8)　P4(　)
其他	0	
合计	25	

(3) 利润表。

利润表反映企业在一个会计年度内的经营成果，一般采用多步式结构。净利润或亏损的计算步骤如下：

① 毛利＝销售收入－直接成本；
② 折旧前利润＝毛利－综合费用；
③ 支付利息前利润＝折旧前利润－折旧；
④ 税前利润＝支付利息前利润－财务费用；
⑤ 净利润＝税前利润－所得税。

利润表各项目数据来源如表 5-13 所示。

表 5-13 利润表各项目数据来源

行次	项目	各项目数据来源
1	一、销售收入	产品销售汇总表
2	减：直接成本	产品销售汇总表
3	二、毛利	产品销售汇总表
4	减：综合费用	综合管理费用明细表
5	三、折旧前利润	第 3 行减第 4 行
6	减：折旧	沙盘费用区的"折旧"
7	四、支付利息前利润	第 5 行减第 6 行
8	减：财务费用	沙盘费用区的"利息"和"贴息"数

续表

行次	项目	各项目数据来源
9	五、税前利润	第7行减第8行
10	减：所得税	税前利润×25%（向下取整）
11	六、净利润	第9行减第10行

根据上述方法编制的起始年（即第0年）的利润情况如表5-14所示。

表5-14 起始年利润表

项目		上年数	本年数
销售收入	＋	35	32
直接成本	－	12	12
毛利	＝	23	20
综合管理费用	－	11	25
折旧前利润	＝	12	－5
折旧	－	4	4
支付利息前利润	＝	8	－9
财务收入/支出	＋/－	4	4
税前利润	＝	4	－13
所得税	－	1	0
净利润	＝	3	－13

（4）资产负债表。

资产负债表反映企业在某一特定日期的财务状况，属于静态报表。资产负债表各项目数据来源如表5-15所示。

表5-15 资产负债表各项目数据来源

资产	数据来源	负债和权益	数据来源
现金	盘点现金库灰色币	长期贷款	盘点长贷区空桶－FY1处的空桶
应收款	盘点应收款区灰色币	短期贷款	盘点短期贷款区空桶
在制品	盘点在线产品价值	应付款	盘点应付账款区空桶
产成品	盘点库存产品价值	应交所得税	当年利润表中的所得税
原材料	盘点库存原材料价值	一年到期的长期贷款	盘点长期贷款区FY1处的空桶

续表

资产	数据来源	负债和权益	数据来源
流动资产合计	以上5项之和	负债合计	以上3项之和
厂房	盘点厂房价值	股东资本	初始投资额始终不变
机器设备	盘点建成生产线价值	利润留存	上一年度的利润留存+上一年度的净利润
在建工程	盘点在建生产线价值	年度净利	当年利润表中的"净利润"
固定资产合计	以上3项之和	所有者权益合计	以上3项之和
资产总计	流动资产+固定资产	负债和权益总计	负债+所有者权益

根据上述方法编制的起始年(即第0年)资产负债情况如表5-16所示。

表5-16 起始年资产负债表　　　　　　　　　　　　单位:百万元

资产		年初	本年	负债+权益		年初	本年
现金	+	42	81	长期负债	+	40	100
应收款	+	0	0	短期负债	+	0	20
在制品	+	8	8	应付款	+	0	0
成品	+	6	6	应交税	+	1	0
原材料	+	2	1	一年到期的长贷	+	0	0
流动资产合计	=	58	96	负债合计	=	41	120
固定资产				权益			
土地和建筑	+	40	40	股东资本	+	50	50
机器设备	+	9	5	利润留存	+	14	16
在建工程	+		32	年度净利	+	2	-13
固定资产合计	=	49	77	所有者权益		66	53
总资产	=	107	173	负债+权益	=	107	173

每一年经营完成后,管理团队需要认真总结经验,反思失误,分析实际执行情况与年度计划之间的偏差及其原因,并详细记录,不断完善知识体系。

需要注意的是,报表编制完成并提交后,每年都需要将盘面上的"费用区"清空,为下个年度的企业经营运作管理做好准备。

经过起始年企业经营模拟实训,所有模拟企业的管理团队对自己的职责都有了更深入的理解,对企业的经营规则也更加熟悉。接下来,他们就准备开始模拟对抗的实训过程了。

思考题

1. ERP 沙盘模拟经营流程分为几个阶段？每个阶段有哪些任务？
2. 你认为模拟企业运营中最关键的节点有哪几个？
3. 你们团队在起始年经营中遇到了什么问题？在下一年经营中，你们打算如何改进？
4. 为什么要更换生产线？如何通过更换生产线取得最大效益？
5. 在 ERP 沙盘模拟中，如何计算企业所得税？
6. 请你根据市场预测资料，对各市场的发展趋势进行分析，在 Excel 表中作图分析。
7. 广告投放需要考虑哪些因素？如何制定有效的广告投放计划？
8. 在 ERP 沙盘模拟中，如何计算违约罚款？
9. 如何计算各种生产线的生产能力？
10. 在模拟企业运营过程中，你阅读了哪些表格？你负责填写了哪些表格？
11. 每年经营结束后，管理团队要进行盘面实物盘点，做到报表与盘面相符，如果不相符，原因是什么？
12. 你们团队能否判断本企业所处的状态并及时调整企业战略？

第 6 章

ERP 沙盘模拟综合实训过程

现在,新的管理团队将要挑起企业继续发展的重任,开始 ERP 沙盘模拟的综合实训,开启完全独立经营企业的征程。在独立经营过程中,新的模拟企业的总经理带领管理层团队成员不仅要各司其职、各负其责、凝心聚力、共谋发展,还要随机应变,善于把握商机,只有这样才能在瞬息万变的市场竞争环境中找出一条制胜之道。总而言之,成功经营一家企业,管理团队不仅需要具备一定的管理知识,更需要有积极向上的心态和不屈不挠的精神。

按照前面章节所讲的内容,在 ERP 沙盘模拟综合实训过程中,参加实训的学生中 4~5 人组成一个团队,团队中每位成员根据自己的专业或兴趣自荐或经团队总经理指派所要担任的角色,以组建一支高效的管理团队。组建好的团队成员应认真讨论并确定本模拟企业的使命。随后,每个模拟企业的总经理就可以带领本企业团队成员,按照第 5 章中所讲的企业运营规则及运营流程开展企业的日常运营工作。本章内容包含实训过程中企业日常运营所需的各种表格,每小节的每张表格中均列出了该表应由哪位管理团队成员填写。

如前所述,所有模拟企业的初始状态相同,均为生产制造型企业,初始的现金库中均有 42M 的现金,有一笔 4 年期的 20M 长期贷款和一笔 3 年期的 20M 长期贷款。生产中心中企业拥有大厂房,房产价值为 40M,大厂房中现已安装 3 条手工生产线和 1 条半自动生产线,均生产 P1 产品,每条生产线上各有 1 个 P1 在制品,价值 8M,这些 P1 在制品分别位于 2Q、3Q、1Q 和 1Q 处,4 条生产线的设备价值分别为 2M、2M、2M 和 3M。原材料库中有 2 个 R1 原材料,物流中心有 1 个 R1 原材料订单。产成品库中有 3 个 P1 产品库存。营销与规划中心有 P1 的生产资格,有本地市场准入。

6.1 起始年企业运营模拟

起始年各模拟企业运营过程中所用到的经营表格如表 6-1 至 6-11 所示。

表6-1 起始年总经理企业经营过程记录表　　　　　　　　　　　　　___组

时间	请按顺序执行下列各项操作,每执行完一项操作,总经理在相应的方格内打"√"。				
年初工作	新年度规划会议				
	投放广告				
	客户订货会/登记销售订单				
	制定新年度计划				
	支付应付税				
按季度执行的工作		1季度	2季度	3季度	4季度
	季初现金盘点(请填余额)				
	新短期贷款/还本付息/申请短期贷款/申请高利贷				
	更新应付款/归还应付款				
	原材料入库/更新原材料订单				
	下原材料订单				
	更新生产/完工入库				
	投资新生产线/变卖生产线/生产线转产				
	开始下一批生产				
	更新应收款/应收款收现				
	出售厂房				
	按订单交货				
	产品研发投资				
	支付行政管理费				
	其他现金收支情况登记				
期末工作	支付利息/更新长期贷款/申请长期贷款				
	支付设备维护费				
	支付租金/购买厂房				
	计提折旧				( )
	新市场开拓/ISO资格认证投资				
	结账				
	缴纳违约订单罚款				
	现金收入合计				
	现金支出合计				
	期末现金对账(请填余额)				

表 6-2　起始年财务总监现金预算表　　　　　　　　　　　　　　　　___组

起始年	1 季度	2 季度	3 季度	4 季度
期初库存现金				
支付上年应交税				
市场广告投入				
贴现费用				
短期贷款利息				
支付到期短期贷款				
申请短期贷款				
原材料采购支付现金				
转产费用				
生产线投资				
加工费				
产品研发投资				
收到现金前的所有支出				
应收款收现				
支付行政管理费用				
长期贷款利息				
支付到期长期贷款				
申请长期贷款				
设备维修费用				
支付租金				
购买新厂房				
市场开拓投资				
ISO 资格认证投资				
其他				
库存现金余额				

要点记录

第 1 季度：_____

第 2 季度：_____

第 3 季度：_____

第 4 季度：_____

年底小结：_____

_____

表6-3　起始年营销总监广告费登记表　　　　　　　　　　　____组

市场	P1	P2	P3	P4	ISO 9000	ISO 14000	总计
本地							
区域							
国内							
亚洲							
国际							
总计							

表6-4　起始年营销总监订单登记表　　　　　　　　　　　____组

订单号									合计
市场									
产品									
数量									
账期									
销售额									
成本									
毛利									
未售									

注：未售指的是当年未完成的订单的标注状态，可打"√"。

表6-5　起始年营销总监产品核算统计表　　　　　　　　　　　____组

项目	P1	P2	P3	P4	合计
数量					
销售额					
成本					
毛利					

表6-6 起始年采购总监经营过程记录表　　　　　　　　　　　　　　　　　　　　　　____组

请按顺序执行下列各项操作，采购总监在相应的方格内填写原材料订购、入库及耗用情况。																
新年度规划会议																
投放广告																
参加订货会/登记订单																
制定新年度计划																
支付应付税																
季初原材料盘点 （请填原材料库中数量）	1季度				2季度				3季度				4季度			
	R1	R2	R3	R4	R1	R2	R3	R4	R1	R2	R3	R4	R1	R2	R3	R4
更新短期贷款/还本付息																
更新应付款/归还应付款																
原材料入库/更新原材料订单																
下原材料订单																
更新生产/完工入库																
新建、在建、转产、变卖生产线																
开始下一批生产																
更新应收款/应收款收现																
出售厂房																
按订单交货																
产品研发投资																
支付行政管理费																
其他现金收支情况登记																
付利息/更新、申请长期贷款																
支付设备维护费																
支付租金/购买厂房																
计提折旧													（ ）			
新市场开拓/ISO资格认证投资																
结账																
缴纳违约订单罚款																
原材料入库合计																
原材料出库合计																
期末原材料对账																

表6-7 起始年生产总监经营过程记录表　　　　　　　　　　　　　　　组

请按顺序执行下列各项操作,生产总监在相应的方格内填写产成品入库与出库情况。																
新年度规划会议																
投放广告																
参加订货会/登记订单																
制定新年度计划																
支付应付税																
季初产成品盘点 (请填成品库中数量)	1季度				2季度				3季度				4季度			
	P1	P2	P3	P4	P1	P2	P3	P4	P1	P2	P3	P4	P1	P2	P3	P4
更新短期贷款/还本付息																
更新应付款/归还应付款																
原材料入库/更新原材料订单																
下原材料订单																
更新生产/完工入库																
新建、在建、转产、变卖生产线																
开始下一批生产																
更新应收款/应收款收现																
出售厂房																
按订单交货																
产品研发投资																
支付行政管理费																
其他现金收支情况登记																
付利息/更新、申请长期贷款																
支付设备维护费																
支付租金/购买厂房																
计提折旧													(	)		
新市场开拓/ISO资格认证投资																
结账																
缴纳违约订单罚款																
产成品入库合计																
产成品出库合计																
期末产成品对账																

表6-8 起始年财务总监填写应收款明细表　　　　　　　　　　　　　　　　　　　　____组

订单信息							交货		收现		贴现		
年	订单号	产品	数量	交货期	账期	金额	年	季	年	季	年	季	金额	贴息

表6-9 起始年财务总监综合管理费用明细表　　　　　　　　　　　　　　单位:百万元

项　目	金额	备　注
管理费		
广告费		
保养费		
租金		
转产费		
市场准入开拓		□区域　□国内　□亚洲　□国际
ISO资格认证		□ISO 9000　□ISO 14000
产品研发		P2(　)　P3(　)　P4(　)
其他		
合计		

注:综合管理费用中的项目对应电子沙盘费用区域中的内容。

表 6-10　起始年财务总监利润表　　　　　　　　　　　　　　　　___组

项　目	上年数	本年数
销售收入		
直接成本		
毛利		
综合费用		
折旧前利润		
折旧		
支付利息前利润		
财务收入/支出		
其他收入/支出		
税前利润		
所得税		
净利润		

表 6-11　起始年财务总监资产负债表　　　　　　　　　　　　　　___组

资　产	期初数	期末数	负债和所有者权益	期初数	期末数
现金			长期负债		
应收款			短期负债		
在制品			应付账款		
成品			应交税金		
原材料			一年内到期的长期负债		
流动资产合计			**负债合计**		
土地和建筑			股东资本		
机器与设备			利润留存		
在建工程			年度净利		
固定资产合计			**所有者权益合计**		
资产总计			**负债和所有者权益总计**		

6.2　第 1 年企业运营模拟

第 1 年各模拟企业运营过程中所用到的经营表格如表 6-12 至 6-22 所示。

表 6-12　第 1 年总经理企业经营过程记录表　　　　　　　　　　　　____组

时间	请按顺序执行下列各项操作,每执行完一项操作,总经理在相应的方格内打"√"。				
年初工作	新年度规划会议				
	投放广告				
	客户订货会/登记销售订单				
	制定新年度计划				
	支付应付税				
按季度执行的工作	季初现金盘点(请填余额)	1 季度	2 季度	3 季度	4 季度
	更新短期贷款/还本付息/申请短期贷款/申请高利贷				
	更新应付款/归还应付款				
	原材料入库/更新原材料订单				
	下原材料订单				
	更新生产/完工入库				
	投资新生产线/变卖生产线/生产线转产				
	开始下一批生产				
	更新应收款/应收款收现				
	出售厂房				
	按订单交货				
	产品研发投资				
	支付行政管理费				
	其他现金收支情况登记				
期末工作	支付利息/更新长期贷款/申请长期贷款				
	支付设备维护费				
	支付租金/购买厂房				
	计提折旧				( )
	新市场开拓/ISO 资格认证投资				
	结账				
	缴纳违约订单罚款				
	现金收入合计				
	现金支出合计				
	期末现金对账(请填余额)				

表 6-13　第 1 年财务总监现金预算表　　　　　　　　　　　　___组

第 1 年	1 季度	2 季度	3 季度	4 季度
期初库存现金				
支付上年应交税				
市场广告投入				
贴现费用				
短期贷款利息				
支付到期短期贷款				
申请短期贷款				
原材料采购支付现金				
转产费用				
生产线投资				
加工费				
产品研发投资				
收到现金前的所有支出				
应收款收现				
支付行政管理费用				
长期贷款利息				
支付到期长期贷款				
申请长期贷款				
设备维修费用				
支付租金				
购买新厂房				
市场开拓投资				
ISO 资格认证投资				
其他				
库存现金余额				

要点记录

第 1 季度：_____

第 2 季度：_____

第 3 季度：_____

第 4 季度：_____

年底小结：_____

表 6-14　第 1 年营销总监广告费登记表　　　　　　　　　　　　　____组

市场	P1	P2	P3	P4	ISO 9000	ISO 14000	总计
本地							
区域							
国内							
亚洲							
国际							
总计							

表 6-15　第 1 年营销总监订单登记表　　　　　　　　　　　　　____组

订单号										合计
市场										
产品										
数量										
账期										
销售额										
成本										
毛利										
未售										

表 6-16　第 1 年营销总监产品核算统计表　　　　　　　　　　　　____组

项目	P1	P2	P3	P4	合计
数量					
销售额					
成本					
毛利					

表6-17　第1年采购总监经营过程记录表　　　　　　　　　　　　____组

请按顺序执行下列各项操作,采购总监在相应的方格内填写原材料订购、入库及耗用情况。																	
新年度规划会议																	
投放广告																	
参加订货会/登记订单																	
制定新年度计划																	
支付应付税																	
季初原材料盘点（请填原材料库中数量）	1季度				2季度				3季度				4季度			
^	R1	R2	R3	R4	R1	R2	R3	R4	R1	R2	R3	R4	R1	R2	R3	R4
更新短期贷款/还本付息																
更新应付款/归还应付款																
原材料入库/更新原材料订单																
下原材料订单																
更新生产/完工入库																
新建、在建、转产、变卖生产线																
开始下一批生产																
更新应收款/应收款收现																
出售厂房																
按订单交货																
产品研发投资																
支付行政管理费																
其他现金收支情况登记																
付利息/更新、申请长期贷款																	
支付设备维护费																	
支付租金/购买厂房																	
计提折旧													( )			
新市场开拓/ISO资格认证投资																	
结账																	
缴纳违约订单罚款																	
原材料入库合计																
原材料出库合计																
期末原材料对账																

表 6-18　第 1 年生产总监经营过程记录表　　　　　　　　　　　　　　　　　　　组

请按顺序执行下列各项操作,生产总监在相应的方格内填写产成品入库与出库情况。															
新年度规划会议																
投放广告																
参加订货会/登记订单																
制定新年度计划																
支付应付税																
季初产成品盘点 (请填成品库中数量)	1 季度				2 季度				3 季度				4 季度			
^	P1	P2	P3	P4	P1	P2	P3	P4	P1	P2	P3	P4	P1	P2	P3	P4
^																
更新短期贷款/还本付息																
更新应付款/归还应付款																
原材料入库/更新原材料订单																
下原材料订单																
更新生产/完工入库																
新建、在建、转产、变卖生产线																
开始下一批生产																
更新应收款/应收款收现																
出售厂房																
按订单交货																
产品研发投资																
支付行政管理费																
其他现金收支情况登记																
付利息/更新、申请长期贷款																
支付设备维护费																
支付租金/购买厂房																
计提折旧													( )			
新市场开拓/ISO 资格认证投资																
结账																
缴纳违约订单罚款																
产成品入库合计																
产成品出库合计																
期末产成品对账																

表6-19 第1年财务总监填写应收款明细表　　　　　　　　　　　　　　　　　　　组

订单信息							交货		收现		贴现		
年	订单号	产品	数量	交货期	账期	金额	年	季	年	季	年	季	金额	贴息

表6-20 第1年财务总监综合管理费用明细表　　　　　　　　　　　　　　单位:百万元

项　目	金额	备　注
管理费		
广告费		
保养费		
租金		
转产费		
市场准入开拓		□区域　□国内　□亚洲　□国际
ISO资格认证		□ISO 9000　　□ISO 14000
产品研发		P2(　) P3(　) P4(　)
其他		
合计		

表 6-21　第 1 年财务总监利润表　　　　　　　　　　____组

项　　目	上 年 数	本 年 数
销售收入		
直接成本		
毛利		
综合费用		
折旧前利润		
折旧		
支付利息前利润		
财务收入/支出		
其他收入/支出		
税前利润		
所得税		
净利润		

表 6-22　第 1 年财务总监资产负债表　　　　　　　　　____组

资　　产	期初数	期末数	负债和所有者权益	期初数	期末数
现金			长期负债		
应收款			短期负债		
在制品			应付账款		
成品			应交税金		
原材料			一年内到期的长期负债		
流动资产合计			**负债合计**		
土地和建筑			股东资本		
机器与设备			利润留存		
在建工程			年度净利		
固定资产合计			**所有者权益合计**		
资产总计			**负债和所有者权益总计**		

6.3　第 2 年企业运营模拟

第 2 年各模拟企业运营过程中所用到的经营表格如表 6-23 至 6-33 所示。

表 6-23　第 2 年总经理企业经营过程记录表　　　　　　　　　　　　　____组

时间	请按顺序执行下列各项操作，每执行完一项操作，总经理在相应的方格内打"√"。				
年初工作	新年度规划会议				
	投放广告				
	客户订货会/登记销售订单				
	制定新年度计划				
	支付应付税				
按季度执行的工作		1 季度	2 季度	3 季度	4 季度
	季初现金盘点（请填余额）				
	更新短期贷款/还本付息/申请短期贷款/申请高利贷				
	更新应付款/归还应付款				
	原材料入库/更新原材料订单				
	下原材料订单				
	更新生产/完工入库				
	投资新生产线/变卖生产线/生产线转产				
	开始下一批生产				
	更新应收款/应收款收现				
	出售厂房				
	按订单交货				
	产品研发投资				
	支付行政管理费				
	其他现金收支情况登记				
期末工作	支付利息/更新长期贷款/申请长期贷款				
	支付设备维护费				
	支付租金/购买厂房				
	计提折旧				（　）
	新市场开拓/ISO 资格认证投资				
	结账				
	缴纳违约订单罚款				
	现金收入合计				
	现金支出合计				
	期末现金对账（请填余额）				

表 6-24　第 2 年财务总监现金预算表　　　　　　　　　　　　　　___组

第 2 年	1 季度	2 季度	3 季度	4 季度
期初库存现金				
支付上年应交税				
市场广告投入				
贴现费用				
短期贷款利息				
支付到期短期贷款				
申请短期贷款				
原材料采购支付现金				
转产费用				
生产线投资				
加工费				
产品研发投资				
收到现金前的所有支出				
应收款收现				
支付行政管理费用				
长期贷款利息				
支付到期长期贷款				
申请长期贷款				
设备维修费用				
支付租金				
购买新厂房				
市场开拓投资				
ISO 资格认证投资				
其他				
库存现金余额				

要点记录

第 1 季度：_____

第 2 季度：_____

第 3 季度：_____

第 4 季度：_____

年底小结：_____

表6-25　第2年营销总监广告费登记表　　　　　　　　　　____组

市场	P1	P2	P3	P4	ISO 9000	ISO 14000	总计
本地							
区域							
国内							
亚洲							
国际							
总计							

表6-26　第2年营销总监订单登记表　　　　　　　　　　____组

订单号										合计
市场										
产品										
数量										
账期										
销售额										
成本										
毛利										
未售										

表6-27　第2年营销总监产品核算统计表　　　　　　　　　　____组

项目	P1	P2	P3	P4	合计
数量					
销售额					
成本					
毛利					

表 6-28 第 2 年采购总监经营过程记录表 _____组

请按顺序执行下列各项操作,采购总监在相应的方格内填写原材料订购、入库及耗用情况。																	
新年度规划会议																	
投放广告																	
参加订货会/登记订单																	
制定新年度计划																	
支付应付税																	
季初原材料盘点 (请填原材料库中数量)	1季度				2季度				3季度				4季度				
	R1	R2	R3	R4	R1	R2	R3	R4	R1	R2	R3	R4	R1	R2	R3	R4	
更新短期贷款/还本付息																	
更新应付款/归还应付款																	
原材料入库/更新原材料订单																	
下原材料订单																	
更新生产/完工入库																	
新建、在建、转产、变卖生产线																	
开始下一批生产																	
更新应收款/应收款收现																	
出售厂房																	
按订单交货																	
产品研发投资																	
支付行政管理费																	
其他现金收支情况登记																	
付利息/更新、申请长期贷款																	
支付设备维护费																	
支付租金/购买厂房																	
计提折旧													(	)			
新市场开拓/ISO 资格认证投资																	
结账																	
缴纳违约订单罚款																	
原材料入库合计																	
原材料出库合计																	
期末原材料对账																	

表6-29 第2年生产总监经营过程记录表　　　　　　　　　　　　　　　___组

请按顺序执行下列各项操作,生产总监在相应的方格内填写产成品入库与出库情况。																	
新年度规划会议																	
投放广告																	
参加订货会/登记订单																	
制定新年度计划																	
支付应付税																	
季初产成品盘点（请填成品库中数量）	1季度				2季度				3季度				4季度				
	P1	P2	P3	P4	P1	P2	P3	P4	P1	P2	P3	P4	P1	P2	P3	P4	
更新短期贷款/还本付息																	
更新应付款/归还应付款																	
原材料入库/更新原材料订单																	
下原材料订单																	
更新生产/完工入库																	
新建、在建、转产、变卖生产线																	
开始下一批生产																	
更新应收款/应收款收现																	
出售厂房																	
按订单交货																	
产品研发投资																	
支付行政管理费																	
其他现金收支情况登记																	
付利息/更新、申请长期贷款																	
支付设备维护费																	
支付租金/购买厂房																	
计提折旧													( )				
新市场开拓/ISO资格认证投资																	
结账																	
缴纳违约订单罚款																	
产成品入库合计																	
产成品出库合计																	
期末产成品对账																	

表 6-30 第 2 年财务总监填写应收款明细表 　　　　　　　　　　　　　　　　组

订单信息							交货		收现		贴现			
年	订单号	产品	数量	交货期	账期	金额	年	季	年	季	年	季	金额	贴息

表 6-31 第 2 年财务总监综合管理费用明细表　　　　　　　　　　　　　单位：百万元

项　目	金额	备　注
管理费		
广告费		
保养费		
租金		
转产费		
市场准入开拓		□区域　　□国内　　□亚洲　　□国际
ISO 资格认证		□ISO 9000　　□1SO 14000
产品研发		P2(　　)　　P3(　　)　　P4(　　)
其他		
合计		

表 6-32 第 2 年财务总监利润表   ____组

项　　目	上　年　数	本　年　数
销售收入		
直接成本		
毛利		
综合费用		
折旧前利润		
折旧		
支付利息前利润		
财务收入/支出		
其他收入/支出		
税前利润		
所得税		
净利润		

表 6-33 第 2 年财务总监资产负债表   ____组

资　产	期初数	期末数	负债和所有者权益	期初数	期末数
现金			长期负债		
应收款			短期负债		
在制品			应付账款		
成品			应交税金		
原材料			一年内到期的长期负债		
流动资产合计			**负债合计**		
土地和建筑			股东资本		
机器与设备			利润留存		
在建工程			年度净利		
固定资产合计			**所有者权益合计**		
资产总计			**负债和所有者权益总计**		

6.4 第 3 年企业运营模拟

第 3 年各模拟企业运营过程中所用到的经营表格如表 6-34 至 6-44 所示。

表 6-34 第 3 年总经理企业经营过程记录表　　　　　　　　　　　　　组

时间	请按顺序执行下列各项操作,每执行完一项操作,总经理在相应的方格内打"√"。				
年初工作	新年度规划会议				
	投放广告				
	客户订货会/登记销售订单				
	制定新年度计划				
	支付应付税				
按季度执行的工作		1 季度	2 季度	3 季度	4 季度
	季初现金盘点(请填余额)				
	更新短期贷款/还本付息/申请短期贷款/申请高利贷				
	更新应付款/归还应付款				
	原材料入库/更新原材料订单				
	下原材料订单				
	更新生产/完工入库				
	投资新生产线/变卖生产线/生产线转产				
	开始下一批生产				
	更新应收款/应收款收现				
	出售厂房				
	按订单交货				
	产品研发投资				
	支付行政管理费				
	其他现金收支情况登记				
期末工作	支付利息/更新长期贷款/申请长期贷款				
	支付设备维护费				
	支付租金/购买厂房				
	计提折旧				( )
	新市场开拓/ISO 资格认证投资				
	结账				
	缴纳违约订单罚款				
	现金收入合计				
	现金支出合计				
	期末现金对账(请填余额)				

表 6-35 第 3 年财务总监现金预算表　　　　　　　　　　　　　　　　　　　　　　组

第 3 年	1 季度	2 季度	3 季度	4 季度
期初库存现金				
支付上年应交税				
市场广告投入				
贴现费用				
短期贷款利息				
支付到期短期贷款				
申请短期贷款				
原材料采购支付现金				
转产费用				
生产线投资				
加工费				
产品研发投资				
收到现金前的所有支出				
应收款收现				
支付行政管理费用				
长期贷款利息				
支付到期长期贷款				
申请长期贷款				
设备维修费用				
支付租金				
购买新厂房				
市场开拓投资				
ISO 资格认证投资				
其他				
库存现金余额				

要点记录

第 1 季度：_____

第 2 季度：_____

第 3 季度：_____

第 4 季度：_____

年底小结：_____

表 6-36　第 3 年营销总监广告费登记表　　　　　　　　　　　　　____组

市场	P1	P2	P3	P4	ISO 9000	ISO 14000	总计
本地							
区域							
国内							
亚洲							
国际							
总计							

表 6-37　第 3 年营销总监订单登记表　　　　　　　　　　　　　　____组

订单号							合计
市场							
产品							
数量							
账期							
销售额							
成本							
毛利							
未售							

表 6-38　第 3 年营销总监产品核算统计表　　　　　　　　　　　　____组

项目	P1	P2	P3	P4	合计
数量					
销售额					
成本					
毛利					

表 6-39　第 3 年采购总监经营过程记录表　　　　　　　　　　　　　　　　组

请按顺序执行下列各项操作,采购总监在相应的方格内填写原材料订购、入库及耗用情况。																
新年度规划会议																
投放广告																
参加订货会/登记订单																
制定新年度计划																
支付应付税																
季初原材料盘点（请填原材料库中数量）	1 季度				2 季度				3 季度				4 季度			
	R1	R2	R3	R4	R1	R2	R3	R4	R1	R2	R3	R4	R1	R2	R3	R4
更新短期贷款/还本付息																
更新应付款/归还应付款																
原材料入库/更新原材料订单																
下原材料订单																
更新生产/完工入库																
新建、在建、转产、变卖生产线																
开始下一批生产																
更新应收款/应收款收现																
出售厂房																
按订单交货																
产品研发投资																
支付行政管理费																
其他现金收支情况登记																
付利息/更新、申请长期贷款																
支付设备维护费																
支付租金/购买厂房																
计提折旧													(	)		
新市场开拓/ISO 资格认证投资																
结账																
缴纳违约订单罚款																
原材料入库合计																
原材料出库合计																
期末原材料对账																

表 6-40　第 3 年生产总监经营过程记录表　　　　　　　　　　　　　____组

请按顺序执行下列各项操作,生产总监在相应的方格内填写产成品入库与出库情况。															
新年度规划会议																
投放广告																
参加订货会/登记订单																
制定新年度计划																
支付应付税																
季初产成品盘点（请填成品库中数量）	1 季度				2 季度				3 季度				4 季度			
^	P1	P2	P3	P4	P1	P2	P3	P4	P1	P2	P3	P4	P1	P2	P3	P4
^																
更新短期贷款/还本付息																
更新应付款/归还应付款																
原材料入库/更新原材料订单																
下原材料订单																
更新生产/完工入库																
新建、在建、转产、变卖生产线																
开始下一批生产																
更新应收款/应收款收现																
出售厂房																
按订单交货																
产品研发投资																
支付行政管理费																
其他现金收支情况登记																
付利息/更新、申请长期贷款																
支付设备维护费																
支付租金/购买厂房																
计提折旧													( )			
新市场开拓/ISO 资格认证投资																
结账																
缴纳违约订单罚款																
产成品入库合计																
产成品出库合计																
期末产成品对账																

表6-41 第3年财务总监填写应收款明细表　　　　　　　　　　　　　　　___组

订单信息							交货		收现		贴现		
年	订单号	产品	数量	交货期	账期	金额	年	季	年	季	年	季	金额	贴息

表6-42 第3年财务总监综合管理费用明细表　　　　　　　　　　　　单位:百万元

项目	金额	备注
管理费		
广告费		
保养费		
租金		
转产费		
市场准入开拓		□区域　□国内　□亚洲　□国际
ISO资格认证		□ISO 9000　□1SO 14000
产品研发		P2(　)　P3(　)　P4(　)
其他		
合计		

表 6-43　第 3 年财务总监利润表　　　　　　　　　　组

项　目	上　年　数	本　年　数
销售收入		
直接成本		
毛利		
综合费用		
折旧前利润		
折旧		
支付利息前利润		
财务收入/支出		
其他收入/支出		
税前利润		
所得税		
净利润		

表 6-44　第 3 年财务总监资产负债表　　　　　　　　　　组

资　产	期初数	期末数	负债和所有者权益	期初数	期末数
现金			长期负债		
应收款			短期负债		
在制品			应付账款		
成品			应交税金		
原材料			一年内到期的长期负债		
流动资产合计			**负债合计**		
土地和建筑			股东资本		
机器与设备			利润留存		
在建工程			年度净利		
固定资产合计			**所有者权益合计**		
资产总计			**负债和所有者权益总计**		

6.5　第 4 年企业运营模拟

第 4 年各企业运营模拟过程中所用到的经营表格如表 6-45 至 6-55 所示。

表 6-45　第 4 年总经理企业经营过程记录表　　　　　　　　　　　　　　　　　组

时间	请按顺序执行下列各项操作，每执行完一项操作，总经理在相应的方格内打"√"。				
年初工作	新年度规划会议				
	投放广告				
	客户订货会/登记销售订单				
	制定新年度计划				
	支付应付税				
按季度执行的工作	季初现金盘点（请填余额）	1季度	2季度	3季度	4季度
	更新短期贷款/还本付息/申请短期贷款/申请高利贷				
	更新应付款/归还应付款				
	原材料入库/更新原材料订单				
	下原材料订单				
	更新生产/完工入库				
	投资新生产线/变卖生产线/生产线转产				
	开始下一批生产				
	更新应收款/应收款收现				
	出售厂房				
	按订单交货				
	产品研发投资				
	支付行政管理费				
	其他现金收支情况登记				
期末工作	支付利息/更新长期贷款/申请长期贷款				
	支付设备维护费				
	支付租金/购买厂房				
	计提折旧				（　）
	新市场开拓/ISO 资格认证投资				
	结账				
	缴纳违约订单罚款				
	现金收入合计				
	现金支出合计				
	期末现金对账（请填余额）				

表 6-46　第 4 年财务总监现金预算表　　　　　　　　　　　　　　　　组

第 4 年	1 季度	2 季度	3 季度	4 季度
期初库存现金				
支付上年应交税				
市场广告投入				
贴现费用				
短期贷款利息				
支付到期短期贷款				
申请短期贷款				
原材料采购支付现金				
转产费用				
生产线投资				
加工费				
产品研发投资				
收到现金前的所有支出				
应收款收现				
支付行政管理费用				
长期贷款利息				
支付到期长期贷款				
申请长期贷款				
设备维修费用				
支付租金				
购买新厂房				
市场开拓投资				
ISO 资格认证投资				
其他				
库存现金余额				

要点记录

第 1 季度：_____

第 2 季度：_____

第 3 季度：_____

第 4 季度：_____

年底小结：_____

表 6-47　第 4 年营销总监广告费登记表　　　　　　　　____组

市场	P1	P2	P3	P4	ISO 9000	ISO 14000	总计
本地							
区域							
国内							
亚洲							
国际							
总计							

表 6-48　第 4 年营销总监订单登记表　　　　　　　　____组

订单号										合计
市场										
产品										
数量										
账期										
销售额										
成本										
毛利										
未售										

表 6-49　第 4 年营销总监产品核算统计表　　　　　　　　____组

项目	P1	P2	P3	P4	合计
数量					
销售额					
成本					
毛利					

表 6-50　第 4 年采购总监经营过程记录表　　　　　　　　　　　　　　　　　组

请按顺序执行下列各项操作，采购总监在相应的方格内填写原材料订购、入库及耗用情况。																
新年度规划会议																
投放广告																
参加订货会/登记订单																
制定新年度计划																
支付应付税																
季初原材料盘点（请填原材料库中数量）	1 季度				2 季度				3 季度				4 季度			
	R1	R2	R3	R4	R1	R2	R3	R4	R1	R2	R3	R4	R1	R2	R3	R4
更新短期贷款/还本付息																
更新应付款/归还应付款																
原材料入库/更新原材料订单																
下原材料订单																
更新生产/完工入库																
新建、在建、转产、变卖生产线																
开始下一批生产																
更新应收款/应收款收现																
出售厂房																
按订单交货																
产品研发投资																
支付行政管理费																
其他现金收支情况登记																
付利息/更新、申请长期贷款																
支付设备维护费																
支付租金/购买厂房																
计提折旧													(　)			
新市场开拓/ISO 资格认证投资																
结账																
缴纳违约订单罚款																
原材料入库合计																
原材料出库合计																
期末原材料对账																

表 6-51　第 4 年生产总监经营过程记录表　　　　　　　　　　　　　组

请按顺序执行下列各项操作,生产总监在相应的方格内填写产成品入库与出库情况。															
新年度规划会议															
投放广告															
参加订货会/登记订单															
制定新年度计划															
支付应付税															
季初产成品盘点 (请填成品库中数量)	1 季度				2 季度				3 季度				4 季度			
^	P1	P2	P3	P4	P1	P2	P3	P4	P1	P2	P3	P4	P1	P2	P3	P4
^																
更新短期贷款/还本付息															
更新应付款/归还应付款															
原材料入库/更新原材料订单															
下原材料订单															
更新生产/完工入库															
新建、在建、转产、变卖生产线															
开始下一批生产															
更新应收款/应收款收现															
出售厂房															
按订单交货															
产品研发投资															
支付行政管理费															
其他现金收支情况登记															
付利息/更新、申请长期贷款															
支付设备维护费															
支付租金/购买厂房															
计提折旧													(	)		
新市场开拓/ISO 资格认证投资															
结账															
缴纳违约订单罚款															
产成品入库合计															
产成品出库合计															
期末产成品对账															

表6-52 第4年财务总监填写应收款明细表　　　　　　　　　　　　___组

订单信息							交货		收现		贴现		
年	订单号	产品	数量	交货期	账期	金额	年	季	年	季	年	季	金额	贴息

表6-53 第4年财务总监综合管理费用明细表　　　　　　　　　　单位:百万元

项目	金额	备注
管理费		
广告费		
保养费		
租金		
转产费		
市场准入开拓		□区域　□国内　□亚洲　□国际
ISO资格认证		□ISO 9000　□ISO 14000
产品研发		P2(　)　P3(　)　P4(　)
其他		
合计		

表 6-54　第 4 年财务总监利润表　　　　　　　　　　　　　　　　组

项　目	上年数	本年数
销售收入		
直接成本		
毛利		
综合费用		
折旧前利润		
折旧		
支付利息前利润		
财务收入/支出		
其他收入/支出		
税前利润		
所得税		
净利润		

表 6-55　第 4 年财务总监资产负债表　　　　　　　　　　　　　　　　组

资　产	期初数	期末数	负债和所有者权益	期初数	期末数
现金			长期负债		
应收款			短期负债		
在制品			应付账款		
成品			应交税金		
原材料			一年内到期的长期负债		
流动资产合计			**负债合计**		
土地和建筑			股东资本		
机器与设备			利润留存		
在建工程			年度净利		
固定资产合计			**所有者权益合计**		
资产总计			**负债和所有者权益总计**		

6.6　第 5 年企业运营模拟

第 5 年各模拟企业运营过程中所用到的经营表格如表 6-56 至 6-66 所示。

表6-56 第5年总经理企业经营过程记录表   ____组

时间	请按顺序执行下列各项操作,每执行完一项操作,总经理在相应的方格内打"√"。				
年初工作	新年度规划会议				
	投放广告				
	客户订货会/登记销售订单				
	制定新年度计划				
	支付应付税				
按季度执行的工作		1季度	2季度	3季度	4季度
	季初现金盘点(请填余额)				
	更新短期贷款/还本付息/申请短期贷款/申请高利贷				
	更新应付款/归还应付款				
	原材料入库/更新原材料订单				
	下原材料订单				
	更新生产/完工入库				
	投资新生产线/变卖生产线/生产线转产				
	开始下一批生产				
	更新应收款/应收款收现				
	出售厂房				
	按订单交货				
	产品研发投资				
	支付行政管理费				
	其他现金收支情况登记				
期末工作	支付利息/更新长期贷款/申请长期贷款				
	支付设备维护费				
	支付租金/购买厂房				
	计提折旧				( )
	新市场开拓/ISO资格认证投资				
	结账				
	缴纳违约订单罚款				
	现金收入合计				
	现金支出合计				
	期末现金对账(请填余额)				

表 6-57　第 5 年财务总监现金预算表　　　　　　　　　　　　　　　组

第 5 年	1 季度	2 季度	3 季度	4 季度
期初库存现金				
支付上年应交税				
市场广告投入				
贴现费用				
短期贷款利息				
支付到期短期贷款				
申请短期贷款				
原材料采购支付现金				
转产费用				
生产线投资				
加工费				
产品研发投资				
收到现金前的所有支出				
应收款收现				
支付行政管理费用				
长期贷款利息				
支付到期长期贷款				
申请长期贷款				
设备维修费用				
支付租金				
购买新厂房				
市场开拓投资				
ISO 资格认证投资				
其他				
库存现金余额				

要点记录

第 1 季度：_____

第 2 季度：_____

第 3 季度：_____

第 4 季度：_____

年底小结：_____

表 6-58　第 5 年营销总监广告费登记表　　　　　　　　　　　____组

市场	P1	P2	P3	P4	ISO 9000	ISO 14000	总计
本地							
区域							
国内							
亚洲							
国际							
总计							

表 6-59　第 5 年营销总监订单登记表　　　　　　　　　　　____组

订单号										合计
市场										
产品										
数量										
账期										
销售额										
成本										
毛利										
未售										

表 6-60　第 5 年营销总监产品核算统计表　　　　　　　　　____组

项目	P1	P2	P3	P4	合计
数量					
销售额					
成本					
毛利					

表 6-61 第 5 年采购总监经营过程记录表　　　　　　　　　　　　　　　组

	请按顺序执行下列各项操作,采购总监在相应的方格内填写原材料订购、入库及耗用情况。																
新年度规划会议																	
投放广告																	
参加订货会/登记订单																	
制定新年度计划																	
支付应付税																	
季初原材料盘点 (请填原材料库中数量)	1 季度				2 季度				3 季度				4 季度				
	R1	R2	R3	R4	R1	R2	R3	R4	R1	R2	R3	R4	R1	R2	R3	R4	
更新短期贷款/还本付息																	
更新应付款/归还应付款																	
原材料入库/更新原材料订单																	
下原材料订单																	
更新生产/完工入库																	
新建、在建、转产、变卖生产线																	
开始下一批生产																	
更新应收款/应收款收现																	
出售厂房																	
按订单交货																	
产品研发投资																	
支付行政管理费																	
其他现金收支情况登记																	
付利息/更新、申请长期贷款																	
支付设备维护费																	
支付租金/购买厂房																	
计提折旧													(	)			
新市场开拓/ISO 资格认证投资																	
结账																	
缴纳违约订单罚款																	
原材料入库合计																	
原材料出库合计																	
期末原材料对账																	

表 6-62　第 5 年生产总监经营过程记录表　　　　　　　　　　　　　　　　　　　组

请按顺序执行下列各项操作,生产总监在相应的方格内填写产成品入库与出库情况。																
新年度规划会议																
投放广告																
参加订货会/登记订单																
制定新年度计划																
支付应付税																
季初产成品盘点 (请填成品库中数量)	1 季度				2 季度				3 季度				4 季度			
	P1	P2	P3	P4	P1	P2	P3	P4	P1	P2	P3	P4	P1	P2	P3	P4
更新短期贷款/还本付息																
更新应付款/归还应付款																
原材料入库/更新原材料订单																
下原材料订单																
更新生产/完工入库																
新建、在建、转产、变卖生产线																
开始下一批生产																
更新应收款/应收款收现																
出售厂房																
按订单交货																
产品研发投资																
支付行政管理费																
其他现金收支情况登记																
付利息/更新、申请长期贷款																
支付设备维护费																
支付租金/购买厂房																
计提折旧													(	)		
新市场开拓/ISO 资格认证投资																
结账																
缴纳违约订单罚款																
产成品入库合计																
产成品出库合计																
期末产成品对账																

表 6-63　第 5 年财务总监填写应收款明细表　　　　　　　　　　　　　　　　组

订单信息							交货		收现		贴现		
年	订单号	产品	数量	交货期	账期	金额	年	季	年	季	年	季	金额	贴息

表 6-64　第 5 年财务总监综合管理费用明细表　　　　　　　　　　　　　单位：百万元

项　目	金　额	备　注
管理费		
广告费		
保养费		
租金		
转产费		
市场准入开拓		□区域　　□国内　　□亚洲　　□国际
ISO 资格认证		□ISO 9000　　□1SO 14000
产品研发		P2(　)　P3(　)　P4(　)
其他		
合计		

表 6-65　第 5 年财务总监利润表　　　　　　　　　　　　　　　　　　　　组

项　　目	上　年　数	本　年　数
销售收入		
直接成本		
毛利		
综合费用		
折旧前利润		
折旧		
支付利息前利润		
财务收入/支出		
其他收入/支出		
税前利润		
所得税		
净利润		

表 6-66　第 5 年财务总监资产负债表　　　　　　　　　　　　　　　　　　组

资　产	期初数	期末数	负债和所有者权益	期初数	期末数
现金			长期负债		
应收款			短期负债		
在制品			应付账款		
成品			应交税金		
原材料			一年内到期的长期负债		
流动资产合计			**负债合计**		
土地和建筑			股东资本		
机器与设备			利润留存		
在建工程			年度净利		
固定资产合计			**所有者权益合计**		
资产总计			**负债和所有者权益总计**		

6.7　第 6 年企业运营模拟

第 6 年各模拟企业运营过程中所用到的经营表格如表 6-67 至 6-77 所示。

表 6-67　第 6 年总经理企业经营过程记录表　　　　　　　　　　　　　　　　　　组

时间	请按顺序执行下列各项操作,每执行完一项操作,总经理在相应的方格内打"√"。				
年初工作	新年度规划会议				
	投放广告				
	客户订货会/登记销售订单				
	制定新年度计划				
	支付应付税				
按季度执行的工作			1 季度	2 季度	3 季度	4 季度
	季初现金盘点(请填余额)				
	更新短期贷款/还本付息/申请短期贷款/申请高利贷				
	更新应付款/归还应付款				
	原材料入库/更新原材料订单				
	下原材料订单				
	更新生产/完工入库				
	投资新生产线/变卖生产线/生产线转产				
	开始下一批生产				
	更新应收款/应收款收现				
	出售厂房				
	按订单交货				
	产品研发投资				
	支付行政管理费				
	其他现金收支情况登记				
期末工作	支付利息/更新长期贷款/申请长期贷款				
	支付设备维护费				
	支付租金/购买厂房				
	计提折旧				（　）
	新市场开拓/ISO 资格认证投资				
	结账				
	缴纳违约订单罚款				
	现金收入合计				
	现金支出合计				
	期末现金对账(请填余额)				

表 6-68　第 6 年财务总监现金预算表　　　　　　　　　　　　　　　　组

第 6 年	1 季度	2 季度	3 季度	4 季度
期初库存现金				
支付上年应交税				
市场广告投入				
贴现费用				
短期贷款利息				
支付到期短期贷款				
申请短期贷款				
原材料采购支付现金				
转产费用				
生产线投资				
加工费				
产品研发投资				
收到现金前的所有支出				
应收款收现				
支付行政管理费用				
长期贷款利息				
支付到期长期贷款				
申请长期贷款				
设备维修费用				
支付租金				
购买新厂房				
市场开拓投资				
ISO 资格认证投资				
其他				
库存现金余额				

要点记录

第 1 季度：＿＿＿＿＿＿＿＿＿＿＿＿＿＿＿＿＿＿＿＿＿＿＿＿＿＿＿＿＿＿＿＿＿＿

第 2 季度：＿＿＿＿＿＿＿＿＿＿＿＿＿＿＿＿＿＿＿＿＿＿＿＿＿＿＿＿＿＿＿＿＿＿

第 3 季度：＿＿＿＿＿＿＿＿＿＿＿＿＿＿＿＿＿＿＿＿＿＿＿＿＿＿＿＿＿＿＿＿＿＿

第 4 季度：＿＿＿＿＿＿＿＿＿＿＿＿＿＿＿＿＿＿＿＿＿＿＿＿＿＿＿＿＿＿＿＿＿＿

年底小结：_____

表6-69　第6年营销总监广告费登记表　　　　　　　　　___组

市场	P1	P2	P3	P4	ISO 9000	ISO 14000	总计
本地							
区域							
国内							
亚洲							
国际							
总计							

表6-70　第6年营销总监订单登记表　　　　　　　　　___组

订单号										合计
市场										
产品										
数量										
账期										
销售额										
成本										
毛利										
未售										

表6-71　第6年营销总监产品核算统计表　　　　　　　　　___组

项目	P1	P2	P3	P4	合计
数量					
销售额					
成本					
毛利					

表6-72 第6年采购总监经营过程记录表　　　　　　　　　　　　　　　　　　组

请按顺序执行下列各项操作，采购总监在相应的方格内填写原材料订购、入库及耗用情况。																	
新年度规划会议																	
投放广告																	
参加订货会/登记订单																	
制定新年度计划																	
支付应付税																	
季初原材料盘点（请填原材料库中数量）	1季度				2季度				3季度				4季度				
	R1	R2	R3	R4	R1	R2	R3	R4	R1	R2	R3	R4	R1	R2	R3	R4	
更新短期贷款/还本付息																	
更新应付款/归还应付款																	
原材料入库/更新原材料订单																	
下原材料订单																	
更新生产/完工入库																	
新建、在建、转产、变卖生产线																	
开始下一批生产																	
更新应收款/应收款收现																	
出售厂房																	
按订单交货																	
产品研发投资																	
支付行政管理费																	
其他现金收支情况登记																	
付利息/更新、申请长期贷款																	
支付设备维护费																	
支付租金/购买厂房																	
计提折旧													（ ）				
新市场开拓/ISO资格认证投资																	
结账																	
缴纳违约订单罚款																	
原材料入库合计																	
原材料出库合计																	
期末原材料对账																	

表 6-73　第 6 年生产总监经营过程记录表　　　　　　　　　　　　　　　　组

请按顺序执行下列各项操作,生产总监在相应的方格内填写产成品入库与出库情况。																	
新年度规划会议																	
投放广告																	
参加订货会/登记订单																	
制定新年度计划																	
支付应付税																	
季初产成品盘点 （请填成品库中数量）	1 季度				2 季度				3 季度				4 季度				
	P1	P2	P3	P4	P1	P2	P3	P4	P1	P2	P3	P4	P1	P2	P3	P4	
更新短期贷款/还本付息																	
更新应付款/归还应付款																	
原材料入库/更新原材料订单																	
下原材料订单																	
更新生产/完工入库																	
新建、在建、转产、变卖生产线																	
开始下一批生产																	
更新应收款/应收款收现																	
出售厂房																	
按订单交货																	
产品研发投资																	
支付行政管理费																	
其他现金收支情况登记																	
付利息/更新、申请长期贷款																	
支付设备维护费																	
支付租金/购买厂房																	
计提折旧													(	)			
新市场开拓/ISO 资格认证投资																	
结账																	
缴纳违约订单罚款																	
产成品入库合计																	
产成品出库合计																	
期末产成品对账																	

表6-74 第6年财务总监填写应收款明细表　　　　　　　　　　　　　　　　___组

订单信息							交货		收现		贴现		
年	订单号	产品	数量	交货期	账期	金额	年	季	年	季	年	季	金额	贴息

表6-75 第6年财务总监综合管理费用明细表　　　　　　　　　　　　单位：百万元

项　目	金额	备　注
管理费		
广告费		
保养费		
租金		
转产费		
市场准入开拓		□区域　　□国内　　□亚洲　　□国际
ISO资格认证		□ISO 9000　　□ISO 14000
产品研发		P2(　　)　P3(　　)　P4(　　)
其他		
合计		

表6-76　第6年财务总监利润表　　　　　　　　　　　　　　　　组

项　目	上 年 数	本 年 数
销售收入		
直接成本		
毛利		
综合费用		
折旧前利润		
折旧		
支付利息前利润		
财务收入/支出		
其他收入/支出		
税前利润		
所得税		
净利润		

表6-77　第6年财务总监资产负债表　　　　　　　　　　　　　　组

资　产	期初数	期末数	负债和所有者权益	期初数	期末数
现金			长期负债		
应收款			短期负债		
在制品			应付账款		
成品			应交税金		
原材料			一年内到期的长期负债		
流动资产合计			**负债合计**		
土地和建筑			股东资本		
机器与设备			利润留存		
在建工程			年度净利		
固定资产合计			**所有者权益合计**		
资产总计			**负债和所有者权益总计**		

模拟企业运营过程中,各企业所用到的经营表格汇总如表6-78至6-92所示。

表 6-78 营销总监广告费登记汇总表

各市场各产品广告投入		第1年	第2年	第3年	第4年	第5年	第6年	ISO 9000	ISO 14000
本地市场	P1								
	P2								
	P3								
	P4								
区域市场	P1								
	P2								
	P3								
	P4								
国内市场	P1								
	P2								
	P3								
	P4								
亚洲市场	P1								
	P2								
	P3								
	P4								
国际市场	P1								
	P2								
	P3								
	P4								

表6-79 营销总监填写产品销售汇总表

年度	项目	P1	P2	P3	P4	合计
第0年	数量					
	销售额					
	成本					
	毛利					
第1年	数量					
	销售额					
	成本					
	毛利					
第2年	数量					
	销售额					
	成本					
	毛利					
第3年	数量					
	销售额					
	成本					
	毛利					
第4年	数量					
	销售额					
	成本					
	毛利					
第5年	数量					
	销售额					
	成本					
	毛利					
第6年	数量					
	销售额					
	成本					
	毛利					

表 6-80 营销总监填写产品研发登记表

产品	第1年	第2年	第3年	第4年	第5年	第6年	累计投资	完成
P1								
P2								
P3								
P4								

表 6-81 营销总监填写市场开拓登记表

市场	第1年	第2年	第3年	第4年	第5年	第6年	累计投资	完成
区域市场								
国内市场								
亚洲市场								
国际市场								

表 6-82 营销总监填写 ISO 资格认证登记表

ISO 资格认证	第1年	第2年	第3年	第4年	第5年	第6年	累计投资	完成
ISO 9000								
ISO 14000								

表6-83 财务总监填写贷款登记表

年度		第1年	第2年	第3年	第4年	第5年	第6年
上年末所有者权益							
本年年初	额度						
	已贷						
	可贷						
长期贷款	借款						
	付息						
	还本						
短期贷款	借款 1季度						
	借款 2季度						
	借款 3季度						
	借款 4季度						
	还本付息 1季度						
	还本付息 2季度						
	还本付息 3季度						
	还本付息 4季度						

表6-84 生产计划及采购计划编制举例

生产线		第1年				第2年				第3年			
		1季度	2季度	3季度	4季度	1季度	2季度	3季度	4季度	1季度	2季度	3季度	4季度
1 手工	产品			P1			P1						P2
	材料		R1										
2 手工	产品				R1	P1							
	材料		R1	P1									
3 手工	产品				P1								
	材料		R1	P1									
4 半自动	产品				P1								
	材料		R1										
5	产品												
	材料												
……	产品												
	材料												
合计	产品	1P1	2P1	1P1	2P1								
	材料	2R1	1R1		1R1								

表6-85 生产计划及采购计划编制（1～3年）

生产线		第1年				第2年				第3年			
		1季度	2季度	3季度	4季度	1季度	2季度	3季度	4季度	1季度	2季度	3季度	4季度
1	产品												
	材料												
2	产品												
	材料												
3	产品												
	材料												
4	产品												
	材料												
5	产品												
	材料												
6	产品												
	材料												
7	产品												
	材料												
8	产品												
	材料												
合计	产品												
	材料												

表6-86 生产计划及采购计划编制(4~6年)

生产线		第4年				第5年				第6年			
		1季度	2季度	3季度	4季度	1季度	2季度	3季度	4季度	1季度	2季度	3季度	4季度
1	产品												
	材料												
2	产品												
	材料												
3	产品												
	材料												
4	产品												
	材料												
5	产品												
	材料												
6	产品												
	材料												
7	产品												
	材料												
8	产品												
	材料												
合计	产品												
	材料												

表 6-87　生产总监填写开工计划　　　　　　　　　　　　　　　　　组

产品	第 1 年				第 2 年			
	1 季度	2 季度	3 季度	4 季度	1 季度	2 季度	3 季度	4 季度
P1								
P2								
P3								
P4								
加工费								

产品	第 3 年				第 4 年			
	1 季度	2 季度	3 季度	4 季度	1 季度	2 季度	3 季度	4 季度
P1								
P2								
P3								
P4								
加工费								

产品	第 5 年				第 6 年			
	1 季度	2 季度	3 季度	4 季度	1 季度	2 季度	3 季度	4 季度
P1								
P2								
P3								
P4								
加工费								

表 6-88 采购总监填写采购计划　　　　　　　　　　　　　　　　　　　　组

产品	第1年				第2年			
	1季度	2季度	3季度	4季度	1季度	2季度	3季度	4季度
R1								
R2								
R3								
R4								
材料采购费用								

产品	第3年				第4年			
	1季度	2季度	3季度	4季度	1季度	2季度	3季度	4季度
R1								
R2								
R3								
R4								
材料采购费用								

产品	第5年				第6年			
	1季度	2季度	3季度	4季度	1季度	2季度	3季度	4季度
R1								
R2								
R3								
R4								
材料采购费用								

表 6-89 生产线信息

序号	厂房	产品	类型	状态	累计投资	开建时间	建成时间
1							
2							
3							
4							
5							
6							

表 6-90 6年综合费用汇总表

项目	第1年		第2年		第3年		第4年		第5年		第6年	
	金额	备注	金额	备注	金额	备注	金额	备注	金额	备注	金额	备注
管理费												
广告费												
保养费												
租金												
转产费												
市场准入开拓												
ISO资格认证												
产品研发												
其他												
合计												

表6-91 6年利润汇总表

项目	第1年	第2年	第3年	第4年	第5年	第6年
销售收入						
直接成本						
毛利						
综合费用						
折旧前利润						
折旧						
支付利息前利润						
财务支出						
其他收入						
税前利润						
所得税						
净利润						

表6-92 6年资产负债表

资产	第1年	第2年	第3年	第4年	第5年	第6年
现金						
应收款						
在制品						
成品						
原材料						
流动资产合计						
土地和建筑						
机器与设备						
在建工程						
固定资产合计						
资产合计						
负债：						
长期负债						
短期负债						
应付账款						
应交税金						
负债合计						
所有者权益：						
股东资本						
利润留存						
年度净利						
所有者权益合计						
负债和所有者权益总计						

思考题

1. 在 ERP 沙盘模拟中如何洞悉资金短缺的前兆？
2. 在 ERP 沙盘模拟中如何编制现金预算表？
3. 结合自身企业的特色，在 Excel 表中设计一份 ERP 沙盘模拟经营流程表。

第 7 章 企业经营业绩评价

在 ERP 沙盘模拟综合实训的起始阶段,所有模拟企业的初始状态被设定得完全一致。这意味着各企业的经营环境、人财物等各项资源以及股东所有者权益最大化的战略目标均相同。然而,多年的实训经验告诉我们,即使起点相同,各企业的经营结果却千差万别。探究其原因,我们不难发现企业经营中存在着一定的规律性和内在联系。

7.1 企业经营本质

企业经营的本质在于追求股东权益的最大化。通过实训,我们可以看到每家模拟企业都在"资本、资产、销售收入、净利润、股东权益增加"这一资本周转循环中竭尽全力提升销售收入、增加净利润,以壮大企业,使股东权益得以增长。获取高额利润、提升股东所有者权益,是每个经营团队的共同目标,也是所有模拟经营活动的基石。

在此过程中,每个经营团队都应运用正确的价值理念来指导企业的经营管理行为。理念是行动的指南,缺乏先进理念的指导,实践活动便难以取得卓越成效。ERP 沙盘模拟企业在经营中应遵循以下理念。

1. 从错误和失败中学习和成长

在模拟实训中,我们无须过分担心犯错或失败。实训的目的在于发现问题并尝试用各种方案解决问题。通常,犯错越多,对问题的认识也就越深刻。保持积极的心态,勇敢面对挑战,必定能够取得成功。

2. 摒弃盲目决策,以科学数据为依据

在实训前,经营团队应深入理解并掌握企业经营沙盘的模拟规则。在决策时,团队管理者应站在企业全局的高度,系统地制定经营战略目标,同时应认真分析市场行情并做出预测,并基于这些分析制定详细的财务预算报表。经营团队一定要意识到,科学的决策离不开周密严谨的计算和翔实可靠的数据支持。

3. 注重细节,知己知彼方能百战不殆

在经营过程中,细节往往决定成败。例如,因忽视短期贷款利息或原材料费用的支付而导致现金流断裂的情况时有发生。模拟规则复杂多样,忽视任何一个细节都可能导致全局的失败。特别是在财务管理活动中,对细节的掌控能力至关重要。此外,在制定和执行战略时,经营团队应密切关注竞争对手的情报,如市场开拓、产品研发、ISO 资格认证、产能大小、现金存量及广告投放习惯等。正确评估对手状态、准确判断其战略意图可为本企业寻求战略优势。

4. 稳健经营,逐步推进

稳健经营是企业持续发展的基石。在竞争激烈的市场环境下,模拟企业应谨慎行事，稳中求胜，切忌贪大求全，以免埋下隐患。在实训初期，由于产品单一、资金有限以及研发开拓投资费用较高，经营团队应量力而行，确保企业的正常运营。随着市场需求的变化，模拟企业可逐步扩大规模，但同样需要保持稳健的发展态势。

5. 分工明确，精诚合作

在模拟实训中，总经理是管理团队的核心，财务总监、营销总监、生产总监和采购总监各司其职，共同构成"五位一体"的管理团队。企业经营管理的成败在很大程度上取决于团队成员之间的默契程度和参与程度。团队成员之间要善于沟通，更要有效沟通。在制定战略规划时，团队成员应集思广益。在执行过程中，团队成员则应各司其职，确保战略得以实现，共同为战略目标的实现而努力。

7.2 企业经济增长

任何一家企业若渴望实现持续稳定的经济增长，就必须对经营活动中的诸多关键问题给予高度关注。

7.2.1 财务融资活动

通过实训的历练，相信所有模拟企业都已深刻领悟到财务预算与财务管理在经营活动中的关键性，稍有不慎，便可能满盘皆输。因此，在融资过程中，模拟企业应当认真考虑以下问题。

1. 负债经营问题

部分模拟企业在经营中对负债经营持谨慎态度，视负债风险为巨大威胁。然而，企业管理者们应深入理解负债经营模式，并培养先进的财务管理理念。

负债经营的核心在于在确保财务安全的前提下，最大限度地发挥财务杠杆效应，追求所有者权益的最大化，其已成为现代企业的基本特征之一。适度的负债经营有助于提升企业的竞争力和盈利能力，并常作为一种积极的经营策略以推动企业快速发展。因此，关键在于如何把握负债的适度性。此时，资本金净利润率成为一个重要的参考指标。资本金净利润率是利润总额占资本金的百分比，是衡量企业获利能力的重要指标，反映了项目的盈利水平，是财务总监必须密切关注的关键数据。负债利息率则指支付的利息费用与债务总额的比率。

通常，资本金净利润率高于负债利息率时，企业经营状况良好，能够享受财务杠杆带来的利益；反之，若资本金净利润率低于负债利息率时，则可能产生财务杠杆损失，甚至导致企业因负债过重而面临破产风险。然而，目前并没有一个普遍适用的模式来确定负债经营的最佳比例，企业管理者们需要综合考虑企业实际情况，因地制宜地制定策略。

2. 长短期贷款结构合理

在沙盘实训中，模拟企业的主要财务融资渠道包括长期贷款、短期贷款和应收账款贴现。这三种方式各有优缺点，企业在选择时应结合自身的资金需求和财务状况，仔细权衡其资本成本和财务风险，从而确定合理的融资结构。不同贷款方式的资本成本和财务风险比较如表7-1所示。

表 7-1　三种融资方式的资本成本和财务风险比较

融资类型	资本成本	财务风险
短期贷款	最低	最高
长期贷款	较高	较低
应收账款贴现	高	低

从表 7-1 中可以看出，短期贷款时其资本成本最低，但财务风险却最高。如果贷款使用不当，常常会导致到期不能还本付息，进而引发企业破产的风险。相反，长期贷款虽然财务风险较低，但资本成本却较高，这无疑会压缩企业的利润空间。而使用应收账款贴现时，虽然财务风险相对较低，但资本成本依然较高，高额的贴息费用会增加企业的管理费用，进而减少企业的净利润。因此，企业在融资过程中，必须合理调整这三种融资方式的比例，以平衡资本成本和财务风险，确保借来的资金能够为企业创造更多的利润。

在考虑长期融资策略时，一种常见的做法是在第一年度年末时一次性使用完长期贷款额度，以备后面五个年度的长期投资资金使用。然而，是否所有企业都适合采用这种策略，企业还需结合自身情况并考虑以下因素。

（1）长期贷款的资本成本相对较高。例如，如果第一年度年末时申请到 80M 的长期贷款，企业每年的长期贷款总额将增加至 120M，这意味着每年年末的长期贷款利息支出将达到 12M。在偿还本金之前，这部分利息支出将固定存在，相当于每年净利润减少 12M。但长期贷款的目的在于支持企业购买先进生产线以扩大产能、开拓新市场或研发新产品以提高销售收入。因此，只要长期贷款能够得到有效利用，其产生的收益将远大于利息费用的支出。若贷款资金未能有效流转，只是闲置在现金账户中，则会白白牺牲利润，甚至可能因支出过高和成本增加导致企业资不抵债而破产。

（2）融资计划通常应根据企业经营战略目标制定，并在需要贷款的年度进行贷款。然而，如果财务总监在制定财务预算时预测到下一年度所有者权益将大幅下降，则应降低贷款额度以降低风险。

（3）如果采取在第一年度年末一次性使用完长期贷款额度的策略，那么第六年的还款压力将非常大，风险也将相应增加。

在短期融资策略的应用中，常见的问题主要有两点。

（1）一些财务总监在制定融资计划时，未能制定详细的四季度财务预算，仅粗略估计整个运营年度所需的资金量，并在第一季度就全部贷出短期贷款。这种做法风险极大，因为下一年度的第一季度就需要偿还所有本金及利息，这种短视行为往往导致企业破产。因此，财务总监必须按季度制定融资计划，精确计算每个季度所需的资金量，而不是集中在某个季度进行贷款。

（2）控制期末现金库存量也至关重要。在扣除计划投放的广告费用后，现金库存量必须大于下一年度季初时需要偿还的短期贷款的本金和利息。这是因为按照规则，企业必须先偿还本金和利息之后才能再次申请新的短期贷款。

综上所述，融资贷款的时机选择至关重要。企业必须根据自身情况和市场变化，灵活调整融资策略,确保资金的有效利用和企业的稳健发展。

3. 关注所有者权益

(1)卡权益。

在ERP沙盘模拟实训中,根据规则,所有长期贷款的总和必须小于等于上一年度期末时的所有者权益的2倍。实训初期,由于权益水平较低且逐年下降,若想维持一定的贷款额度,必须精心控制所有者权益的数值。实训规则规定,20M为基本贷款单位。因此,控制所有者权益的个位数保持在0或5时对最大化贷款额度较为有利。例如,若第3年度期末所有者权益为20M,则第4年度的贷款额度计算为40M;若所有者权益为29M,则下一年度的贷款额度同样为40M。

(2)保权益。

为确保下一年度的企业融资能力,团队管理者应努力使年度期末的股东所有者权益高于40M。为实现这一目标,团队管理者可考虑以下规划。

①选择ISO资格认证投资。市场需求分析显示,市场对ISO资格认证的要求多在后几年出现,且同时要求ISO 9000和ISO 14000资格的客户订单较少。因此,为保持较高的所有者权益,企业可推迟ISO资格认证投资或仅选择投资一种资格认证,以节约开支。

②选择市场开拓投资。遵循企业先存活后发展的原则。结合市场预测可知,并非开拓的市场越多越好。因为获得某些市场的准入资格既耗时又需资金。若新市场不能为企业带来显著的销售增长,则无须开拓。营销总监应深入进行市场预测,制定明确的营销规划目标。通常,亚洲市场和国际市场中选择一个即可。例如,若国际市场对P4产品的需求不大,主打P4产品的企业可考虑放弃开拓国际市场。

③精简产品研发投资。与上述市场开拓同理,企业应明确主打产品,并据此延迟或放弃其他产品的研发。

(3)出售厂房。

多年的实训经验表明,出售厂房这一策略通常不被新手采用,而高手则因不需要而不用。但在资金短缺、企业濒临破产时,出售厂房可作为应急融资手段。在ERP沙盘模拟中,企业可在某个年度购买新厂房以保权益,若后续年度预算显示资金周转困难,可提前出售厂房,获得四个账期的应收账款。此举既增加了本年度销售收入,又可视为获得了长期贷款。例如,出售小厂房可得30M的四个账期应收款,若再租用,则需支付3M的租金,相当于获得30M的长期贷款,年利率也为3M。两种方式对所有者权益的影响相同。若现金充裕,日后购回厂房可节省租金,提高所有者权益,且长期贷款不能提前偿还,因此出售厂房比申请长期贷款更为灵活。

4. 充分利用"向下取整"规则合理避税

根据规则,利润表中的所得税计算采用向下取整方式,这为企业合理避税提供了可能。例如,某年度税前利润为28M,所得税为7M。若在该年度结账前进行贴现,获得6M的现金并产生1M的贴息,则税前利润降至27M,所得税为6.75M(向下取整后为6M)。此举虽降低了所得税,但并未影响所有者权益,反而通过贴现提前变现应收款,提高了资产流动性。

7.2.2 生产线投资活动

在 ERP 沙盘模拟中,产、供、销脱节问题屡见不鲜,给模拟企业的经营带来了诸多困难。有的企业尽管开拓了多个市场,抢到了大量订单,但由于生产线仍然停留在初始状态,仅有几条手工生产线和一条半自动生产线,导致产能严重不足,无法按时完成订单。而有些企业虽然斥巨资购置了全自动生产线或柔性生产线,产能大幅提升,但由于产品品种单一或市场开拓有限,无法获得优质订单,导致产品积压或生产线闲置。更有些企业虽然订单充足、设备先进,但在生产过程中常因原材料库存不足而停工待料。因此,在投资活动开始前,团队管理层必须根据企业的整体发展战略目标,精心制定生产、采购及营销规划,充分利用 ERP 原理,制定详尽的生产和采购计划,以预防类似问题的发生。在生产线投资方面,以下几点尤其值得关注。

1. 配称原则展开投资

配称,即协调、配套或匹配,关键在于"恰到好处"。正如"竞争战略之父"迈克尔·波特教授所指出,战略的本质在于各项运营管理活动之间的配称。在投资生产线、采购原材料、开拓市场、研发产品等各个环节中遵循配称原则可以有效避免资源浪费。例如,产品研发与生产线建设应同步完成,上线生产时的原材料需求应与库存相匹配,产能提升应与市场开拓应步调一致,这样才能最大化企业的股东所有者权益。

2. 各种生产线的性价比

(1) 手工生产线与全自动生产线的比较。

手工生产线与全自动生产线的安装、转产与维护及出售规则对比如表 7-2 所示。从表 7-2 中可以看出,3 条手工生产线的购买价格大致相当于 1 条全自动生产线的价格。然而,3 条手工生产线所占用的空间是全自动生产线的 2 倍,且每年的维修费用比全自动生产线多出 2M。因此,如果低产能的手工生产线在经营过程中不能被及时淘汰并替换为新的生产线,将严重限制企业的产能。显然,从性价比的角度来看,全自动生产线要优于手工生产线。

表 7-2 手工生产线与全自动生产线的安装、转产与维护、出售规则对比

生产线	购买价格/M	安装周期/Q	生产周期/Q	总转产费/M	转产周期/Q	每年维修费/M	残值/M
手工	5		3	0		1	1
全自动	16	3	1	2	2	1	3

(2) 半自动生产线与全自动生产线相比。

如表 7-3 所示,2 条半自动生产线的产能与 1 条全自动生产线的产能相等,2 条半自动生产线的购买价格与 1 条全自动生产线的购买价格也相等。然而,值得注意的是,2 条半自动生产线比 1 条全自动生产线每年多出 1M 的设备维修费用,并多占用 1 条生产线的安装位置。从经济效益和资源配置的角度来看,全自动生产线的性价比显然优于半自动生产线。

表7-3 半自动生产线与全自动生产线的安装、转产与维护、出售规则对比

生产线	购买价格/M	安装周期/Q	生产周期/Q	总转产费/M	转产周期/Q	每年维修费/M	残值/M
半自动	8	2	2	1	1	1	2
全自动	16	3	1	2	2	1	3

(3)柔性生产线与全自动生产线相比。

柔性生产线与全自动生产线各有其优势,主要区别如表7-4所示。

表7-4 柔性生产线与全自动生产线的安装、转产与维护、出售规则对比

生产线	购买价格/M	安装周期/Q	生产周期/Q	总转产费/M	转产周期/Q	每年维修费/M	残值/M
全自动	16	4	1	2	2	1	4
柔性	24	4	1	0		1	6

从表7-4可以看出,柔性生产线的产能与全自动生产线相同,但柔性生产线的购买价格比全自动生产线高8M,其残值比全自动生产线多2M。总的来看,柔性生产线比全自动生产线多支付了6M的现金,若再考虑两条生产线的折旧情况,则如表7-5所示。

表7-5 每条生产线折旧计算表 单位:M

生产线	购买价格	残值	建成第1年	建成第2年	建成第3年	建成第4年	建成第5年	建成第6年
全自动	16	4	0	5	3	2	2	1
柔性	24	6	0	8	5	3	2	2

从表7-5可以看出,建成第5年时柔性生产线比全自动生产线多计提6M的折旧费,也就是所有者权益要多下降6M。但柔性生产线的最大特点在于其灵活性高,它可以按照获取的订单情况动态调整生产产能,且不用额外支付转产费用及等待转产周期。相比之下,全自动生产线转产时不仅要停工两个季度,而且要支付2M的转产费,导致所有者权益下降2M,而且这时的产能要少一半。虽然此时全自动生产线还比柔性生产线多4M的权益,但如果发生第二次转产,全自动生产线又要停工两个季度而且要支付2M的转产费,权益又减少2M,但柔性生产线此时将多出6个产品的产能。显然,在需要频繁转产时,柔性生产线的性价比更高。

因此,在企业采用多种产品组合模式时,为了灵活调整生产线产能,一般应购置1～2条柔性生产线,以灵活满足交货需求。在规划柔性生产线建设时,越早越好,因为随着时间推移,产品转产的概率会逐渐降低,柔性生产线的灵活性优势难以充分发挥,这不仅会增加资金压力,还可能浪费优质资源。

尽管柔性生产线在某些方面其有优势,但全自动生产线的性价比无疑是四者中最高的,因此仍然是首选生产线。企业可以安装全自动生产线专门生产企业的主打产品。例如

A企业主打P2和P3产品,则至少安装两条全自动生产线,分别设定生产P2和P3产品。

3. 生产线购买攻略

(1)投资建设的时间规划。

在实训过程中,规划生产线建设的最佳时机应确保生产线建设投资与产品研发同步完成。例如,全自动生产线的安装周期为4个季度,而P3产品的研发周期为6个季度。若企业计划在第1年度1Q开始研发P3新产品,则应在第1年度的3Q购买并安装生产P3产品的全自动生产线。这样,第2年度2Q时,全自动生产线的安装与P3产品的研发便能同步完成。新产品研发与生产线购买安装规划如表7-6所示。

表7-6 新产品研发与生产线购买安装规划

任务	第1年				第2年			
	1Q	2Q	3Q	4Q	1Q	2Q	3Q	4Q
P3产品研发	2M	2M	2M	2M	2M	2M		
全自动生产线			4M	4M	4M	4M	上线生产	

(2)安装周期的考虑。

在ERP沙盘模拟实训经营的第一年,由于竞争企业情况尚不明朗,模拟企业应优先考虑建设灵活性高的柔性生产线,以便灵活应对第二年的订单需求。若企业未能接到P3产品的订单,全自动生产线可通过适当延期,在第二年4Q完成投资,此举可节省1M的设备维修费。

(3)手工生产线的灵活运用。

尽管手工生产线在性价比分析中显得相对落后,但在某些特定情境下仍有其价值。例如,当企业获取的订单数量略超出实际生产线产能时,可利用手工生产线即买即用的特点解决燃眉之急。1Q时购买并投产,4Q时便可产出产品。然而,在使用手工生产线时,企业必须确保有充足的原材料供应,并综合考虑其经济性。

4. 出售生产线的时机选择

根据实训规则,生产线出售时,其残值会计入现金,而净值与残值的差值则计入其他费用。因此,当生产线还剩一期折旧未计提时,出售生产线不仅能节省1M的设备维修费,还可避免计提折旧,这对提升所有者权益是有益的。例如,第一年年初购买的手工生产线,年末时若选择出售,可产生1M的现金,并避免维修费和折旧费的支出,从而维持或提升所有者权益。当然,在做出出售决策时,团队管理层还需综合考虑企业的经营发展目标和各项因素。

值得注意的是,在沙盘实训经营的前两年,生产线的更新换代是关键问题。及时淘汰产能较低的手工生产线和半自动生产线,为现代化的生产线腾出安装位置,有助于提升所有者权益。全自动生产线和柔性生产线由于其高价值和高产能,一般情况下不宜出售。不当的出售决策可能会产生高额的其他费用,甚至直接导致企业破产。因此,在决策出售这些生产线时,团队管理层必须谨慎权衡利弊。

7.2.3 运营管理活动

企业运营的目标是实现零库存。零库存原则主要应用于原材料库存、产成品库存和现金库存等方面。库存的过度积压会占用大量资金，这些资金无法迅速转化为效益，对提高利润和所有者权益并无裨益。

1. 原材料零库存

在 ERP 沙盘模拟中，由于产品结构的确定性和原材料采购提前期的准确性，企业可以制定出明确的生产计划和精确的采购计划。例如，P2 产品由 1 个 R2 和 1 个 R3 构成，若 3Q 需交货 1 个 P2 产品，且采用全自动生产线生产，那么 2Q 时就必须开始生产，从而确保原材料库中至少有 1 个 R2 和 1 个 R3。考虑到 R2 的采购提前期为 1Q，R3 的采购提前期为 2Q，企业应在上一年度的 4Q 下达 R3 的采购订单，在本年度的 1Q 下达 R2 的采购订单。这样，当生产 P2 产品时，原材料就能得到及时供应，确保 3Q 时产品能完工并按时交货。通过这种方式，企业可以实现原材料零库存的库存管理目标。

2. 产成品零库存

企业要实现销售收入最大化，就必须将产品库中的产品全部销售出去，从而回收资金。资金周转率是企业本年度销售收入与资产总额之比，它反映了资金的使用效率。在一定时期内，销售收入越高，资金周转率就越高，说明企业的销售能力越强，资金利用效率也越高。然而，由于市场环境和竞争对手的影响，订单数量难以准确预测，因此实现产成品零库存难度较大。此外，有时企业还需应对加急订单，这就要求企业应保持一定的产成品库存。因此，企业通常不会追求产成品零库存的目标，而是根据实际情况灵活调整库存。

3. 现金零库存

在 ERP 沙盘模拟中，现金管理的目标是实现其最大效用，但并非越少越好。在每季度的经营过程中，企业应根据现金流入情况合理调整现金余额，避免现金闲置。然而，过度的现金紧缩可能导致企业面临现金流断裂的风险。一旦现金流断裂，企业将被判定为破产，无法继续经营。因此，现金管理的关键在于财务总监能否做出合理的现金预算。同时，现金并非越多越好，因为现金的流动性强但无收益性，过多的现金持有会降低企业的获利能力。因此，企业应在保证正常运营的前提下，合理控制现金库存，避免资金闲置和浪费。在 ERP 沙盘模拟中，企业需要密切关注现金流入和流出项目（表 7-7），以确保现金流的平稳运行。

表 7-7 现金流入与流出项目一览表

现金流入项目	现金流出项目
长期贷款和短期贷款	支付广告费
到期应收款	支付上年所得税
应收款贴现	支付贷款利息
变卖生产线	偿还到期贷款本金

续表

现金流入项目	现金流出项目
	原材料入库时支付采购费用
	购买厂房买价/支付租金
	生产线建设投资
	生产线转产费用
	产品研发投资
	支付行政管理费
	支付设备维修费
	市场开拓投资
	ISO资格认证投资
	其他

从表7-7中可以看出,现金的流入项目相对有限,仅有四项,且长期贷款、短期贷款和应收款贴现都会增加利息费用,变卖生产线也可能带来损失。因此,财务总监必须精心制定现金预算,确保预算与营销、生产、采购及投资计划保持高度一致。

7.2.4 市场营销活动

1. 广告投放原则

在ERP沙盘模拟中,企业制定广告投放策略时应遵循以下原则。

(1)适量性原则。

营销总监需深入分析市场需求及产品单价走势,有针对性地投放广告,避免盲目投放导致的资金浪费。例如,在没有P3产品生产资格的情况下,在P3产品上的广告投放将是无效的。大量实例证明,广告费过多会导致现金流出过大,可能无法满足原材料采购等资金需求,进而引发企业破产,或因资金不足而不得不推迟新产品的研发、市场的开拓或生产线的投资建设。

(2)准确性原则。

全面分析企业内部资源、市场环境及其他竞争企业的状况,确保每次的广告投入都能带来收益,以最小的广告费支出获取最合适的订单。这需要生产总监提供生产线产能数据,营销总监准确预估市场需求,同时掌握竞争企业的资金、产能、产品及市场情况,避免在竞争激烈的细分市场投放过多广告。

(3)集中性原则。

在实训初期,若企业采用多种产品组合策略,应集中投放广告以争取某一市场的领导地位。随着市场的逐步开拓,广告费应集中投放在优势细分市场上。但需注意,不同时期的主导市场会发生变化。

(4)效益性原则。

投放的广告费应追求最大效益,常用广告投入产出比来衡量。广告投入产出比等于销售收入除以广告费,反映了单位广告费带来的销售收入。在选择市场时,企业应放弃利润空间小的市场,争夺高价市场,以提升收益。

2. 选单数量、单价与账期的选择

在选单过程中,企业常面临数量、单价与账期的权衡。数量大的订单往往单价较低,而单价高的订单数量较小,账期短的订单数量及单价又可能较低。

在模拟实训初期,由于市场有限且竞争激烈,企业应以最大销售额为目标,优先选择数量最大的订单,单价和账期次之。随着经营进入后期,新市场开拓和新产品研发完成,选择范围扩大,此时企业应优先考虑单价,并评估账期。资金紧张时,企业可以选择账期短的订单以缓解资金压力。资金充裕时,企业则可优先考虑单价和数量。

3. 合理安排交单顺序

交单顺序并不是随机的。合理的交单顺序能够在一定程度上缓解资金压力、加快资金回笼、减少财务费用。企业应结合财务总监的现金预算,精确掌握每季度的现金需求,确保在需要前实现应收款收现,避免不必要的贴现,从而提升所有者权益。

对于账期不同但数量相同的订单,企业在资金充裕时可先交长账期订单,资金紧缺时则先交短账期订单以快速回笼资金。若长账期订单与短账期订单均需贴现,企业应考虑先交长账期订单以减少总体贴现费用。

对于账期不同、数量也不同的订单,企业常倾向于每季先交数量多的订单以优化现金流。

需要注意的是,企业管理没有固定模式,实训过程中团队管理者都应深刻领会并灵活运用适合企业自身的管理策略。

思考题

1. 结合你所担任的角色,谈谈该角色必须具备哪些方面的知识、能力与素质。
2. 结合 ERP 沙盘模拟经营,谈谈你对经营一家企业的认识与感受。
3. 什么是资本结构？在 ERP 沙盘模拟中如何实现并保持最佳资本结构？
4. 通过 ERP 沙盘模拟,你获得了哪些收获？
5. 如何撰写 ERP 沙盘模拟综合实训课程报告？

第8章 ERP沙盘模拟实战案例

8.1 案例背景

本案例是西安石油大学ERP沙盘模拟综合实训中某团队的实战情况。比赛采用标准版系统的经营规则与市场预测，初始现金60M，模拟运营时长为5年，每年度运营规定时间为45分钟，最终的排名根据第5年年末所有者权益的高低来确定。本案例的特点是其采用了单一的P2产品模式，流程简捷高效，便于初学者理解和掌握。值得一提的是，该团队是在开局并不理想的情况下实现后来者居上的，展现了出色的应变能力和团队合作精神。

8.2 经营流程

该团队在比赛中6年的经营流程如表8-1至表8-42所示。

表8-1 第1年经营流程

年初	现金(42M)，所有者权益(66M)； 投放广告(2M)，选单1张(本地2P1-13M-4Q)，付上年应付税(1M)
第1季度	原材料入库(1M)，下原材料订单(1个R1)，上线生产1个P1(1M)，研发P2(1M)，支付行政管理费(1M)，现金余额(35M)
第2季度	原材料入库(1M)，下原材料订单(1个R1)，上线生产1个P1(1M)，支付行政管理费(1M)，研发P2(1M)，现金余额(31M)
第3季度	原材料入库(1M)，新建1条全自动生产线(4M)，支付行政管理费(1M)，研发P2(1M)，现金余额(24M)
第4季度	申请短期贷款(20M)，下原材料订单(2个R1)，在建1条全自动生产线(4M)，支付行政管理费(1M)，研发P2(1M)，现金余额(38M)
年末	支付长期贷款利息(4M)，支付设备维护费(4M)，开拓区域市场、国内市场(2M)，ISO 9000资格认证投资(1M)，期末现金余额(27M)，权益(50M)； 取得区域市场准入资格，下年度总产能最多为1个P2产品
点评	单一的P2产品模式流程简洁高效，下一年度可以根据选单情况进行生产线的建设与投产。全自动生产线在第2年的第2季度即将建成，有利于增加产能，但存在未申请长期贷款、生产线更新过慢等问题，造成第2年的P2生产产能不足

表8-2 第1年广告投放表

市场	P1	P2	P3	P4	ISO 9000	ISO 14000	总计
本地	2						2
区域							
国内							
亚洲							
国际							
总计	2						2

表8-3 第1年订单记录表

订单号	市场	产品	数量	账期	总额	成本	毛利
1211101	本地	P1	2	4	13	4	9

表8-4 第1年现金流量表　　　　　　　　　　　　　　　　单位:百万元

项目	金额			
	1Q	2Q	3Q	4Q
投放广告费	-2			
应付税	-1			
季初现金盘点	39	35	31	24
短期贷款（包括借贷、还贷、支付利息）	0	0	0	20
原材料入库	-1	-1	-1	0
投资新生产线	0	0	-4	-4
开始下一批生产	-1	-1	0	0
应收款收现	0	0	0	0
按订单交货	0	0	0	0
产品研发投资	-1	-1	-1	-1
支付行政管理费用	-1	-1	-1	-1

续表

项目	金额			
	1Q	2Q	3Q	4Q
小计	−4	−4	−7	14
季末现金盘点	35	31	24	38
支付利息				−4
长期贷款				0
设备维护费				−4
支付租金				0
市场、ISO 投资				−3
违约金				0
期末盘点				27

表 8−5　第 1 年综合管理费用表　　　　　　　　　　单位：百万元

项目	金额	备注
管理费	4	
广告费	2	
保养费	4	
租金	0	
转产费	0	
市场准入开拓	2	区域、国内
ISO 资格认证	1	ISO 9000
产品研发	4	P2
其他	0	
合计	17	

表 8−6　第 1 年利润表

项目	上年数	本年数
销售收入		13
直接成本		4
毛利		9
综合费用		17
折旧前利润		−8

续表

项目	上年数	本年数
折旧		4
支付利息前利润		−12
财务支出		4
其他收入		2
税前利润		−16
所得税		0
净利润		−16

表8-7　第1年资产负债表

资产	期初数	期末数	负债和所有者权益	期初数	期末数
现金		27	长期负债		40
应收款		13	短期负债		20
在制品		0	应付账款		0
成品		14	应交税金		0
原材料		3			
流动资产合计		57	负债合计		60
土地和建筑		40	股东资本		50
机器与设备		5	利润留存		16
在建工程		8	年度净利		−16
固定资产合计		53	所有者权益合计		50
资产总计		110	负债和所有者权益总计		110

表8-8　第2年经营流程

年初	现金(27M)，所有者权益(50M)； 投放广告(9M)，分别是本地P1(7M)，本地P2(2M)，取得本地订单3张，分别为本地6P1-30M-2Q、本地1P1-5M-1Q、本地2P2-16M-2Q
第1季度	申请短期贷款(20M)； 原材料入库(2M)，下原材料订单(2个R1+2个R2)，在建1条全自动生产线生产P2(4M)，开始下一批生产3P1(3M)，应收款收现(13M)，按订单交货上交了第1个订单本地6P1-30M-2Q和第2个订单1P1-5M-1Q，研发P2(1M)，支付行政管理费(1M)，现金余额(40M)

续表

第2季度	原材料入库(4M),在建1条全自动生产线生产P2(4M),研发P2(1M),应收款收现(5M),支付行政管理费(1M),研发P2(1M),现金余额(35M); 全自动生产线建设完成,取得P2的生产资格
第3季度	下原材料订单(4个R1+2个R2),开始下一批生产1个P1和2个P2(3M),其中第3条手工生产线转产生产1个P2,半自动生产线生产1个P1,新建成的全自动生产线上线生产1个P2产品;应收款收现(30M),研发P3(2M),支付行政管理费(1M),现金余额(59M)
第4季度	偿还短期贷款及利息(21M); 原材料入库(6M),下原材料订单(2个R1+3个R2),上线生产1个P2产品(1M),支付行政管理费(1M),现金余额(30M)
年末	支付长期贷款利息(4M),申请长期贷款(40M); 支付设备维护费(5M),开拓国内市场(1M),ISO 9000资格认证投资(1M); 取得国内市场准入资格,下年度总产能为4~6个P2产品; 因未能完成2个P2产品的生产,造成违约订单,罚款金额(4M); 期末现金余额(55M),权益(34M)
点评	由于本场比赛中,全部团队都研发了P2产品生产资格,本团队取得了2个P2的订单,但因只建成了一条生产P2产品的全自动生产线,虽然在第3季度及时让第3条手工生产线进行了转产,但因生产效率过低,无法在两个季度内生产完1个P2,导致未能完成2个P2产品的生产,形成了违约订单,支付了高额罚款,这种开局显然很不理想。同时,第1年末已经开拓了区域市场,而本团队的营销总监在投放广告时并未在区域市场投放任何广告费,也就没能在区域市场中拿到任何订单,这是又一个失误之处。第1年仅建一条先进生产线的弊端也已初现,产能不足已有所表现。P3产品的生产资格因资金紧张投资了一季后暂停投资

表8-9 第2年广告投放表

市场	P1	P2	P3	P4	ISO 9000	ISO 14000	总计
本地	7	2					9
区域							
国内							
亚洲							
国际							
总计	7	2					9

表 8-10 第 2 年订单记录表

订单号	市场	产品	数量	账期	总额	成本	毛利
1221103	本地	P1	6	2	30	12	18
1221112	本地	P1	1	1	5	2	3
1221201	本地	P2	2	3	16	6	10

表 8-11 第 2 年现金流量表　　　　　　　　　　　　　　　　单位：百万元

项目	金额			
	1Q	2Q	3Q	4Q
投放广告费	−9			
应付税				
季初现金盘点	18	40	35	59
短期贷款（包括借贷、还贷、支付利息）	20	0	0	−21
原材料入库	−2	−4	0	−6
投资新生产线	−4	−4	0	0
开始下一批生产	−3	0	−3	−1
应收款收现	13	5	30	0
按订单交货	0	0	0	0
产品研发投资	−1	−1	−2	0
支付行政管理费用	−1	−1	−1	−1
小计	22	−5	24	−29
季末现金盘点	40	35	59	30
支付利息				−4
长期贷款				40
设备维护费				−5
支付租金				0
市场、ISO 投资				−2
违约金				−4
期末盘点				55

表 8-12 第 2 年综合管理费用表　　　　　　　　　　单位：百万元

项目	金额	备注
管理费	4	
广告费	9	
保养费	5	
租金	0	
转产费	0	
市场准入开拓	1	国内
ISO 资格认证	1	ISO 9000
产品研发	4	P2(2)、P3(2)
其他	4	违约金
合计	28	

表 8-13 第 2 年利润表

项目	上年数	本年数
销售收入	13	35
直接成本	4	14
毛利	9	21
综合费用	17	28
折旧前利润	−8	−7
折旧	4	4
支付利息前利润	−12	−11
财务支出	4	5
其他收入	2	0
税前利润	−16	−16
所得税	0	0
净利润	−16	−16

表 8-14 第 2 年资产负债表

资产	期初数	期末数	负债和所有者权益	期初数	期末数
现金	27	55	长期负债	40	80
应收款	13	0	短期负债	20	20
在制品	0	8	应付账款	0	0

续表

资产	期初数	期末数	负债和所有者权益	期初数	期末数
成品	14	9	应交税金	0	0
原材料	3	5			
流动资产合计	57	77	负债合计	60	100
土地和建筑	40	40	股东资本	50	50
机器与设备	5	17	利润留存	16	0
在建工程	8	0	年度净利	−16	−16
固定资产合计	53	57	所有者权益合计	50	34
资产总计	110	134	负债和所有者权益总计	110	134

表 8-15 第 3 年经营流程

年初	现金(55M),所有者权益(34M); 投放广告(4M),分别是本地 P1(3M),区域 P2(1M),取得本地订单 2 张,分别为本地 4P1−20M−3Q,区域 2P2−17M−2Q
第 1 季度	偿还短期贷款及支付利息(21M); 原材料入库(5M),新建 1 条柔性生产线(6M),开始下一批生产 3 个 P1 及 1 个 P2(4M),按订单交货上交了第 2 年的违约订单本地 2P2−16M−3Q 和第 2 个订单 4P1−20M−3Q,支付行政管理费(1M),现金余额(14M)
第 2 季度	下原材料订单(1 个 R1+1 个 R2),在建 1 条柔性生产线(6M),上线生产 2 个 P2(2M),支付行政管理费(1M),现金余额(5M)
第 3 季度	申请短期贷款 20M; 原材料入库(2M),下原材料订单(4 个 R1+2 个 R2),开始下一批生产 1 个 P2(1M),在建 1 条柔性生产线(6M),支付行政管理费(1M),现金余额(15M)
第 4 季度	原材料入库(6M),下原材料订单(6 个 R1+3 个 R2),在建 1 条柔性生产线(6M),应收款收现(53M),支付行政管理费(1M),现金余额(61M)
年末	支付长期贷款利息(8M),偿还长期贷款(20M); 支付设备维护费(5M),下年度总产能为 8~10 个 P2 产品; 期末现金余额(28M),权益(39M)
点评	在处境不利的情况下,团队成员冷静分析所处的市场环境,分析本企业的资源配置,也分析了对手企业的资源配置情况,较为合理地制定了本期的广告投入。可惜的是,团队未能在国内市场投放广告,去争取国内市场的订单;第 4 季度没有生产任何产品,这也是失误之处。因此,团队成员应继续加大马力、抓紧生产、积累产成品,以在第 4 年提交更多的订单。总体看来,本企业所有者权益有所上升,但虽投资了一条柔性生产线,对比各市场的市场需求来看,产能仍显不足。企业要想立足并发展,势必应扩大销售,开源节流,这样才能实现企业的经营目标

表 8-16 第 3 年广告投放表

市场	P1	P2	P3	P4	ISO 9000	ISO 14000	总计
本地	3						3
区域		1					1
国内							
亚洲							
国际							
总计	3	1					4

表 8-17 第 3 年订单记录表

订单号	市场	产品	数量	账期	总额	成本	毛利
1221201	本地	P2	2	3	16	6	10
1231110	本地	P1	4	3	20	8	12
1232202	区域	P2	2	2	17	6	11

表 8-18 第 3 年现金流量表   单位：百万元

项目	金额			
	1Q	2Q	3Q	4Q
投放广告费	−4			
应付税				
季初现金盘点	51	14	5	15
短期贷款（包括借贷、还贷、支付利息）	−21	0	20	0
原材料入库	−5	0	−2	−6
投资新生产线	−6	−6	−6	−6
开始下一批生产	−4	−2	−1	0
应收款收现	0	0	0	53
按订单交货	0	0	0	0

续表

项目	金额			
	1Q	2Q	3Q	4Q
产品研发投资	0	0	0	0
支付行政管理费用	－1	－1	－1	－1
小计	－37	－9	10	46
季末现金盘点	14	5	15	61
支付利息				－8
长期贷款				－20
设备维护费				－5
支付租金				0
市场、ISO投资				0
违约金				0
期末盘点				28

表 8－19　第 3 年综合管理费用表　　　　　　　　　　　单位：百万元

项目	金额	备注
管理费	4	
广告费	4	
保养费	5	
租金	0	
转产费	0	
市场准入开拓	0	区域、国内
ISO 资格认证	0	ISO 9000
产品研发	0	P2
其他	0	
合计	13	

表 8－20　第 3 年利润表

项目	上年数	本年数
销售收入	35	53
直接成本	14	20
毛利	21	33

续表

项目	上年数	本年数
综合费用	28	13
折旧前利润	−7	20
折旧	4	6
支付利息前利润	−11	14
财务支出	5	9
其他收入	0	0
税前利润	−16	5
所得税	0	0
净利润	−16	5

表 8-21 第 3 年资产负债表

资产	期初数	期末数	负债和所有者权益	期初数	期末数
现金	55	28	长期负债	80	60
应收款	0	0	短期负债	20	20
在制品	8	3	应付账款	0	0
成品	9	12	应交税金	0	0
原材料	5	1			
流动资产合计	77	44	负债合计	100	80
土地和建筑	40	40	股东资本	50	50
机器与设备	17	11	利润留存	0	−16
在建工程	0	24	年度净利	−16	5
固定资产合计	57	75	所有者权益合计	34	39
资产总计	134	119	负债和所有者权益总计	134	119

表 8-22 第 4 年经营流程

年初	现金(28M),所有者权益(39M); 投放广告(5M),分别是本地 P1(1M),本地 P2(2M),区域 P2(2M),取得订单 3 张,分别为本地 4P1−17M−2Q,本地 3P2−25M−3Q,区域 1P2−8M−1Q
第 1 季度	原材料入库(9M),开始下一批生产 3 个 P1 和 3 个 P2(6M),按订单交货上交了第 2 个订单本地 3P2−25M−3Q 和第 3 个订单 1P2−8M−1Q,研发 P3(2M),支付行政管理费(1M),现金余额(5M)

续表

第2季度	申请短期贷款(20M)； 下原材料订单(3个R1+2个R2)，研发P3(2M)，支付行政管理费(1M)，现金余额(22M)
第3季度	偿还短期贷款及支付短期贷款利息(21M)，申请短期贷款(20M)； 原材料入库(5M)，下原材料订单(6个R1+4个R2+2个R3)，开始下一批生产1个P1和2个P2(3M)，其中全自动生产线生产1个P2，柔性生产线生产1个P2； 应收款收现(8M)，研发P3(2M)，支付行政管理费(1M)，现金余额(18M)
第4季度	原材料入库(12M)，应收款收现(25M)，研发P3(2M)，支付行政管理费(1M)，现金余额(48M)
年末	支付长期贷款利息(6M)，偿还长期贷款(20M)，申请长期贷款(20M)； 支付设备维护费(6M)，下年度总产能为8~10个P2产品； 期末现金余额(36M)，权益(37M)
点评	本年度中，该团队投放广告总额5M，取得了3张订单，但仍未在国内市场投放广告以取得更多订单。团队仅拿到了本地市场的4个P1、3个P2和区域市场的1个P2，获得的订单数较少，这也导致第4年的销售额仅仅为50M，净利润仍为负值，所有者权益没有提升反而下降了2M。通过分析可以看出，该团队因订单数较少，在第2季度和第4季度全自动生产线和柔性生产线停工了两个季度，即使这样，到第4年年末时仍有大量产成品积压在库存，这也说明该团队本年度的营销方案有失误之处，即没有根据自己的产能去大量接单，未能实现企业的持续良好发展

表8-23 第4年广告投放表

市场	P1	P2	P3	P4	ISO 9000	ISO 14000	总计
本地	1	2					3
区域		2					2
国内							
亚洲							
国际							
总计	1	4					5

表8-24 第4年订单记录表

订单号	市场	产品	数量	账期	总额	成本	毛利
1241107	本地	P1	4	2	17	8	9
1241206	本地	P2	3	3	25	9	16
1242204	区域	P2	1	1	8	3	5

表 8-25　第 4 年现金流量表　　　　　　　　　　　　　单位：百万元

项目	金额			
	1Q	2Q	3Q	4Q
投放广告费	−5			
应付税				
季初现金盘点	23	5	21	38
短期贷款（包括借贷、还贷、支付利息）	0	20	−21+20	0
原材料入库	−9	0	−5	−12
投资新生产线	0	0	0	0
开始下一批生产	−6	0	−3	0
应收款收现	0	0	8	25
按订单交货	0	0	0	0
产品研发投资	−2	−2	−2	−2
支付行政管理费用	−1	−1	−1	−1
小计	−18	17	17	10
季末现金盘点	5	22	18	28
支付利息				−6
长期贷款				−20+20
设备维护费				−6
支付租金				0
市场、ISO 投资				0
违约金				0
期末盘点				16

表 8-26　第 4 年综合管理费用表　　　　　　　　　　　单位：百万元

项目	金额	备注
管理费	4	
广告费	4	
保养费	6	
租金	0	
转产费	0	

続表

项目	金额	备注
市场准入开拓	0	
ISO 资格认证	0	
产品研发	8	P3
其他	0	
合计	22	

表 8-27 第 4 年利润表

项目	上年数	本年数
销售收入	53	50
直接成本	20	20
毛利	33	30
综合费用	13	22
折旧前利润	20	8
折旧	6	3
支付利息前利润	14	5
财务支出	9	7
其他收入	0	0
税前利润	5	-2
所得税	0	0
净利润	5	-2

表 8-28 第 4 年资产负债表

资产	期初数	期末数	负债和所有者权益	期初数	期末数
现金	48	16	长期负债	60	60
应收款	0	17	短期负债	40	40
在制品	3	2	应付账款	0	0
成品	12	16	应交税金	0	0
原材料	1	14			
流动资产合计	64	85	负债合计	100	120

续表

资产	期初数	期末数	负债和所有者权益	期初数	期末数
土地和建筑	40	40	股东资本	50	50
机器与设备	11	32	利润留存	−16	−11
在建工程	24	0	年度净利	5	−2
固定资产合计	75	72	所有者权益合计	39	37
资产总计	139	137	负债和所有者权益总计	139	137

表 8-29 第 5 年经营流程

年初	现金(16M),所有者权益(37M); 投放广告(5M),分别是本地 P2(1M),国内 P1(2M),国内 P2(2M),取得本地订单 1 张,国内订单 2 张,分别为本地 4P2-27M-4Q、国内 3P1-14M-4Q、国内 4P2-15M-4Q
第 1 季度	原材料入库(2M),下原材料订单(2 个 R1+5 个 R2),开始下一批生产 2 个 P2(2M),分别是第 3 条手工生产线上线生产 1 个 P2,全自动生产线生产 1 个 P2,应收款收现(17M),按订单交货上交了第 3 个订单国内 4P2-15M-4Q,研发 P3(2M),支付行政管理费(1M),现金余额(21M); P3 生产资格研发完成,可以上线生产 P3
第 2 季度	偿还短贷及支付利息(21M),申请短贷(40M); 原材料入库(7M),第 1 条和第 2 条手工生产线转产 P2,第 4 条半自动生产线上线生产 1 个 P1,全自动生产线上线生产 1 个 P2,柔性生产线转产 P3,加工费共支出 2M,按订单交货上交了 2 个订单本地 4P2-27M-4Q、国内 3P1-14M-4Q,研发 P3(2M),支付行政管理费(1M),研发 P3(2M),现金余额(30M); 取得 P3 的生产资格
第 3 季度	偿还短期贷款及支付利息(21M); 下原材料订单(3 个 R2+1 个 R3),开始下一批生产 3 个 P2 和 1 个 P3(4M),其中柔性生产线上线生产 1 个 P3,支付行政管理费(1M),现金余额(4M)
第 4 季度	申请短期贷款(20M); 原材料入库(3M),下原材料订单(1 个 R1+2 个 R2),上线生产 1 个 P3 产品(1M),应收款收现(15M),支付行政管理费(1M),现金余额(34M)
年末	支付长贷利息(6M); 支付设备维护费(6M),下年度总产能为 1 个 P1、6 个 P2、4 个 P3,期末现金余额(22M),权益(34M)

续表

点评	该团队今年放弃了区域市场,改在国内市场投放广告,主要是了解到国内市场的各产品需求旺盛。另外,团队主打 P2 产品,因此转产了 2 条手工生产线和 1 条柔性生产线,手工生产线由生产 P1 产品转产为生产 P2 产品,考虑到 P3 产品的利润空间更大,企业让柔性生产线转产生产 P3 产品。总体分析来看,该团队的销售额仍比较小,抢到的订单量较小,未能充分发挥现有生产线的产能,如全自动生产线第 4 季度时是停工状态,这是机器设备资源的巨大浪费,而且在原材料采购下订单的过程中,团队未能按照产品结构和生产设备状态合理安排原材料下单,造成了设备停工待料现象的出现;当原材料短缺时,团队应首先安排全自动生产线等先进的高效率设备优先排产,其次考虑半自动生产线,最后再考虑手工生产线。经营到第 5 年,企业应淘汰落后产能,更大范围地扩大建设先进产能和企业生产规模

表 8-30 第 5 年广告投放表

市场	P1	P2	P3	P4	ISO 9000	ISO 14000	总计
本地		1					1
区域							
国内	2	2					4
亚洲							
国际							
总计	2	3					5

表 8-31 第 5 年订单记录表

订单号	市场	产品	数量	账期	总额	成本	毛利
1253103	国内	P1	3	4	14	6	8
1253201	国内	P2	4	4	15	6	9
1251201	本地	P2	4	4	27	12	15

表 8-32 第 5 年现金流量表　　　　　　　　　　　　单位:百万元

项目	金额			
	1Q	2Q	3Q	4Q
投放广告费	−5			
应付税				

续表

项目	金额			
	1Q	2Q	3Q	4Q
季初现金盘点	11	21	30	4
短期贷款 （包括借贷、还贷、支付利息）	0	19	−21	20
原材料入库	−2	−7	0	−3
投资新生产线	0	0	0	0
开始下一批生产	−2	−2	−4	−1
应收款收现	17	0	0	15
按订单交货	0	0	0	0
产品研发投资	−2	0	0	0
支付行政管理费用	−1	−1	−1	−1
小计	10	7	−26	30
季末现金盘点	21	30	4	34
支付利息				−6
长期贷款				0
设备维护费				−6
支付租金				0
市场、ISO投资				0
违约金				0
期末盘点				22

表 8-33　第 5 年综合管理费用表　　　　　　　　　　单位：百万元

项目	金额	备注
管理费	4	
广告费	5	
保养费	6	
租金	0	
转产费	0	
市场准入开拓	0	
ISO 资格认证	0	

续表

项目	金额	备注
产品研发	2	P3
其他	0	
合计	17	

表 8-34　第 5 年利润表

项目	上年数	本年数
销售收入	50	56
直接成本	20	24
毛利	30	32
综合费用	22	17
折旧前利润	8	15
折旧	3	10
支付利息前利润	5	5
财务支出	7	8
其他收入	0	0
税前利润	−2	−3
所得税	0	0
净利润	−2	−3

表 8-35　第 5 年资产负债表

资产	期初数	期末数	负债和所有者权益	期初数	期末数
现金	16	22	长期负债	60	60
应收款	17	41	短期负债	40	60
在制品	2	9	应付账款	0	0
成品	16	18	应交税金	0	0
原材料	14	2			
流动资产合计	65	92	负债合计	100	120
土地和建筑	40	40	股东资本	50	50
机器与设备	32	22	利润留存	−11	−13

续表

资产	期初数	期末数	负债和所有者权益	期初数	期末数
在建工程	0	0	年度净利	−2	−3
固定资产合计	72	62	所有者权益合计	37	34
资产总计	137	154	负债和所有者权益总计	137	154

表8-36 第6年经营流程

年初	现金(22M),所有者权益(34M); 投放广告(4M),分别是本地 P2(1M),区域 P2(1M),国内 P1(1M),国内 P3(1M),取得订单4张,分别为本地 3P2−19M−2Q、区域 2P2−12M−2Q、国内 1P1−4M−2Q、国内 2P3−18M−1Q
第1季度	原材料入库(4M),应收款收现(41M),按订单交货上交了4个订单本地 3P2−19M−2Q、区域 2P2−12M−2Q、国内 1P1−4M−2Q、国内 2P3−18M−1Q,支付行政管理费(1M),现金余额(54M)
第2季度	偿还短期贷款及利息(42M); 应收款收现(18M),支付行政管理费(1M),现金余额(29M)
第3季度	应收款收现(35M),支付行政管理费(1M),现金余额(63M)
第4季度	偿还短期贷款及利息(21M); 支付行政管理费(1M),现金余额(41M)
年末	支付长期贷款利息(6M); 支付设备维护费(6M),下年度总产能为1个P1、6个P2、4个P3; 期末现金余额(29M),权益(31M)
点评	各市场各种产品需求旺盛,大量订单没有企业去完成。本团队也只接到了53M销售总额的订单,在第1季度用之前的产成品库存即完成所有订单,导致本年度没有组织设备生产,造成厂房、设备、资源的极大浪费。可见,本团队仍未能按照生产设备的产能去承接更多的订单,如果组织好设备进行生产,今年至少还能生产出1个P1、6个P2和4个P3。没有扩大销售导致本企业在第6年度仍未实现盈利,所有者权益仍在不断下降,企业的经营目标仍有待进一步调整。正确的做法是,企业应提早淘汰落后产能,更大范围地扩大建设先进产能,开拓亚洲及国际市场,购买小厂房,建设更多的生产设备来扩大企业生产规模,实现所有者权益的巨大提升

表8-37 第6年广告投放表

市场	P1	P2	P3	P4	ISO 9000	ISO 14000	总计
本地		1					1
区域		1					1
国内	1		1				2
亚洲							
国际							
总计	1	2	1				4

表8-38 第6年订单记录表

订单号	市场	产品	数量	账期	总额	成本	毛利
1263105	国内	P1	1	2	4	2	2
1262204	区域	P2	2	2	12	6	6
1261205	本地	P2	3	2	19	6	13
126302	国内	P3	2	1	18	12	6

表8-39 第6年现金流量表　　　　　　　　　　　　单位:百万元

项目	金额			
	1Q	2Q	3Q	4Q
投放广告费	−4			
应付税				
季初现金盘点	18	54	29	63
短期贷款 (包括借贷、还贷、支付利息)	0	−42	0	−21
原材料入库	−4	0	0	0
投资新生产线	0	0	0	0
开始下一批生产	0	0	0	0
应收款收现	41	18	35	0
按订单交货	0	0	0	0
产品研发投资	0	0	0	0

续表

项目	金额			
	1Q	2Q	3Q	4Q
支付行政管理费用	−1	−1	−1	−1
小计	36	−25	34	−22
季末现金盘点	54	29	63	41
支付利息				−6
长期贷款				0
设备维护费				−6
支付租金				0
市场、ISO 投资				0
违约金				0
期末盘点				29

表 8-40 第 6 年综合管理费用表　　　　　　　单位:百万元

项目	金额	备注
管理费	4	
广告费	4	
保养费	6	
租金	0	
转产费	0	
市场准入开拓	0	
ISO 资格认证	0	
产品研发	0	
其他	0	
合计	14	

表 8-41 第 6 年利润表

项目	上年数	本年数
销售收入	56	53
直接成本	24	26
毛利	32	27
综合费用	17	14
折旧前利润	15	13

续表

项目	上年数	本年数
折旧	10	7
支付利息前利润	5	6
财务支出	8	9
其他收入	0	0
税前利润	−3	−3
所得税	0	0
净利润	−3	−3

表 8-42　第 6 年资产负债表

资产	期初数	期末数	负债和所有者权益	期初数	期末数
现金	22	29	长期负债	60	60
应收款	41	0	短期负债	60	0
在制品	9	0	应付账款	0	0
成品	18	0	应交税金	0	0
原材料	2	7			
流动资产合计	92	36	负债合计	120	60
土地和建筑	40	40	股东资本	50	50
机器与设备	22	15	利润留存	−13	−16
在建工程	0	0	年度净利	−3	−3
固定资产合计	62	55	所有者权益合计	34	31
资产总计	154	91	负债和所有者权益总计	154	91

8.3　经营报表

该团队的生产线信息如表 8-43 所示。

表 8-43　生产线信息

序号	厂房	产品	类型	状态	累计投资/M	开建时间/Q	建成时间/Q
1	大厂房	P2	手工生产线	可用			
2	大厂房	P2	手工生产线	可用			

续表

序号	厂房	产品	类型	状态	累计投资/M	开建时间/Q	建成时间/Q
3	大厂房	P2	手工生产线	可用			
4	大厂房	P1	半自动生产线	可用			
5	大厂房	P2	全自动生产线	可用	16	13	22
6	大厂房	P3	柔性生产线	可用	24	31	34

该团队的会计报表(包括6年综合费用表、6年利润表和6年资产负债表)如表8-44、表8-45和表8-46所示。

表8-44　6年综合费用表　　　　　　　　　　　单位:百万元

市场	第1年		第2年		第3年		第4年		第5年		第6年	
	金额	备注	金额	备注	金额	备注	金额	备注	金额	备注	金额	备注
管理费	4		4		4		4		4		4	
广告费	2		9		4		4		5		4	
保养费	4		5		5		6		6		6	
租金	0		0		0		0		0		0	
转产费	0		0		0		0		0		0	
市场准入开拓	2	区域国内	1	国内	0		0		0		0	
ISO资格认证	1	ISO9000	1	ISO9000	0		0		0		0	
产品研发	4	P2	4	P2 P3	0		8		4	P3	0	
其他	0		4	违约金	0		0		0		0	
合计	17		28		13		22		19		14	

表8-45　6年利润表　　　　　　　　　　　　单位:百万元

项目	第1年	第2年	第3年	第4年	第5年	第6年
销售收入	13	35	53	50	56	53
直接成本	4	14	20	20	24	26
毛利	9	21	33	30	32	27

续表

项目	第1年	第2年	第3年	第4年	第5年	第6年
综合费用	0	4	0	0	0	0
折旧前利润	9	17	33	30	32	27
折旧	4	4	6	3	10	7
支付利息前利润	5	13	27	27	22	20
财务支出	4	5	9	7	8	9
其他收入	2	0	0	0	0	0
税前利润	1	8	18	20	14	11
所得税	0	0	0	0	0	0
净利润	1	8	18	20	14	11

表8-46 6年资产负债表　　　　　　　　　　　　　　　单位:百万元

资产		第1年	第2年	第3年	第4年	第5年	第6年
	现金	27	55	28	16	22	29
	应收款	13	0	0	17	41	0
	在制品	0	8	3	2	9	0
	成品	14	9	12	16	18	0
	原材料	3	5	1	14	2	7
	流动资产合计	57	77	44	65	92	36
	土地和建筑	40	40	40	40	40	40
	机器与设备	5	17	11	32	22	15
	在建工程	8	0	24	0	0	0
	固定资产合计	53	57	75	72	62	55
	资产合计	110	134	119	137	154	91
负债:							
	长期负债	40	80	60	60	60	60
	短期负债	20	20	20	40	60	0
	应付账款	0	0	0	0	0	0
	应交税金	0	0	0	0	0	0
	负债合计	60	100	80	100	120	60
所有者权益:							
	股东资本	50	50	50	50	50	50
	利润留存	16	0	−16	−11	−13	−16

续表

资产	第1年	第2年	第3年	第4年	第5年	第6年
年度净利	−16	−16	5	−2	−3	−3
所有者权益合计	50	34	39	37	34	31
负债和所有者权益总计	110	134	119	137	154	91

该团队用 Excel 表格制作的企业生产过程记录如图 8-1 所示。

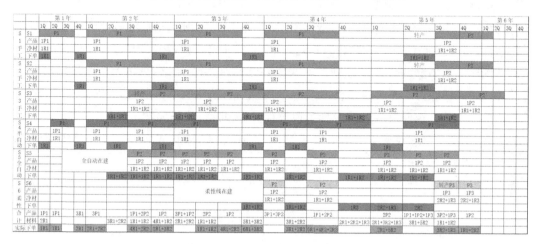

图 8-1 企业生产过程记录示意图

8.4 案例点评

(1) 通过在建工程数据变化(8→0→24→0→0)，维修费数据变化(4→5→5→6→6→6)可以看出，本团队实现了企业经营目标中的部分内容，如更新生产线、扩大生产规模、有序推进生产线，但团队未能及时淘汰落后产能。

(2) 投放广告数据变化为 2→9→4→6→5→4，逐渐趋于理性化，但广告投放应随着产能提升与市场扩张而逐步加大，以争取更多的订单。

(3) 现金存量比较合理，资产的流动性与收益性比较均衡。

(4) 从开局到结束，团队都未能有效实现原材料零库存和产品零库存，两者均库存较多，占用过多资金，导致存货的规划及控制不太理想，存货周转率不够高。

(5) 团队从第 2 年开始进行长期贷款，但未能满额贷款，未能充分发挥财务杠杆的效应，导致在后几年中团队不得不频繁进行短期贷款来缓解资金压力。尽管如此，团队的贷款结构基本合理，采取了"长短结合、以短为主"的策略。

总体来看，该团队的报表数据充分展示了他们如何"步步为营，层层推进"地经营企业。该团队也深刻体会了生产制造型企业的运作流程，理解了企业中各项资源为何要进行优化配置，以及各个部门之间为何要协同作业。任何一个环节的出错或失误都会给整个企业带来危机。虽开局不利，但难能可贵的是，该团队总经理执行力强，在比赛中始终保持平和的心态，各部门也能团结协作，这些优秀的品质都值得其他团队学习。

参考文献

[1] 杜建国. ERP 系统原理与应用[M]. 南京:东南大学出版社,2020.

[2] 徐建华,罗阿玲,林敏,等. 企业模拟经营[M]. 成都:西南交通大学出版社,2018.

[3] 高楚云,何万能. ERP 沙盘模拟实训指导教程[M]. 北京:人民邮电出版社,2017.

[4] 曹会勇. 企业模拟经营实训教程[M]. 南京:东南大学出版社,2017.

[5] 孙福权. ERP 实用教程[M]. 北京:人民邮电出版社,2016.

[6] 谢士杰. 读懂财务报表看透企业经营[M]. 北京:人民邮电出版社,2016.

[7] 周柏翔. 企业管理决策模拟[M]. 北京:化学工业出版社,2012.

[8] 周翠萍,李怀宝,樊春燕. 企业沙盘模拟经营实训[M]. 北京:清华大学出版社,2018.

[9] 逄卉一,李静宜. ERP 沙盘模拟[M]. 3 版. 北京:清华大学出版社,2020.

[10] 崔杰. ERP 企业模拟经营沙盘实训教程[M]. 北京:清华大学出版社,2020.

[11] 任志霞. 企业经营与 ERP 沙盘模拟实训教程[M]. 成都:西南财经大学出版社,2020.